Mariana C.

Reconstruirea unei relații deteriorate

PSIHOLOGIA RELAȚIILOR
DEZVOLTARE PERSONALĂ

2024

Mariana C.

De la acelaş autor:

1 ,, Armonia in cuplu '' - explorează diverse aspecte ale relațiilor umane, de la comunicare și empatie, la rezolvarea conflictelor și construirea unei relații de cuplu sănătoase și echilibrate.

2 ,,Vindecarea rănilor emoționale în relații ''- este o carte profundă și captivantă ,care explorează complexitatea relațiilor interpersonale și impactul pe care trecutul emoțional îl poate avea asupra lor.

3 "Cum sa iti gasesti sufletul pereche" - se adreseaza celor care isi doresc sa gaseasca dragostea adevarata si sa-si gaseasca sufletul pereche.

Cartea "Reconstruirea unei relații deteriorate" scrisă de Mariana C. este un ghid util și practic pentru persoanele care se confruntă cu dificultăți în relațiile lor. Autoarea explorează motivele care pot duce la deteriorarea unei relații și oferă sfaturi și strategii pentru reconstruirea unei conexiuni sănătoase și armonioase.

Mariana C. abordează diverse aspecte ale relațiilor, cum ar fi comunicarea și înțelegerea reciprocă, rezolvarea conflictelor și gestionarea emoțiilor. Cartea conține studii de caz și exerciții practice care ajută cititorii să-și înțeleagă mai bine propriile nevoi și să-și dezvolte abilitățile de comunicare și rezolvare a conflictelor.

Cu o abordare empatică și informativă, "Reconstruirea unei relații deteriorate" oferă cititorilor instrumentele necesare pentru a reconstrui și întări legăturile lor afective. Este o lectură indispensabilă pentru cei care doresc să își îmbunătățească relațiile și să trăiască o viață mai fericită și împlinită alături de cei dragi.

Mariana C.

Capitolul 1: Introducere.
- Definirea relației deteriorate și a motivelor care au condus la această situație.
- Importanța reconstruirii unei relații și beneficiile pe care le aduce.
Capitolul 2: Reflectarea asupra motivelor deteriorarii relației.
- Analizarea propriilor acțiuni și comportamente care au contribuit la deteriorarea relației.
- Înțelegerea emoțiilor și gândurilor care au stat la baza acestor acțiuni.

Capitolul 3: Comunicarea sinceră în relație.
- Importanța deschiderii și sincerității în comunicarea cu celălalt
- Cum să-ți exprimi cu claritate sentimentele și dorințele pentru reconstruirea relației.

Capitolul 4: Acceptarea și iertarea în relație.
- Cum să fii deschis la a accepta greșelile tale și ale celuilalt
- Procesul de iertare și eliberare a resentimentelor pentru a putea merge mai departe

Capitolul 5: Construirea încrederei în relație.
- Metode și strategii pentru reconstruirea încrederii în relație.
- Cum să te angajezi și să demonstrezi loialitate și responsabilitate în relație.

Capitolul 10: Reîntâlnirea cu sine în relație.
- Cum să îți găsești pacea interioară și să îți redescoperi identitatea pe parcursul procesului de reconstruire a relației.
- Importanța autocompasiunii și a autocunoașterii în dezvoltarea unei relații sănătoase.

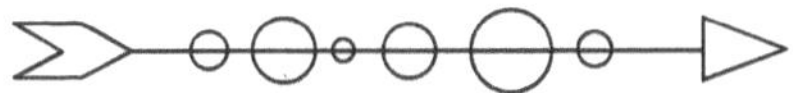

"*Reconstruirea unei relații deteriorate este un proces care necesită răbdare, compromis și sinceritate.*
Este ca și cum ai reconstrui o casă în ruine - trebuie să începi de la temelii și să lucrezi pas cu pas pentru a o aduce la vechea ei splendoare."

Capitolul 1: Introducere

- Definirea relației deteriorate și a motivelor care au condus la această situație.

- Importanța reconstruirii unei relații și beneficiile pe care le aduce.

O relație deteriorată poate fi definită ca fiind o relație în care comunicarea și înțelegerea între părți se deteriorează sau se înrăutățesc în timp. Motivele care pot duce la o astfel de situație pot fi diverse și pot varia de la lipsa unei comunicări eficiente, la lipsa încrederii reciproce, la lipsa de respect sau la neîndeplinirea nevoilor și așteptărilor fiecărei părți.

Adesea, unul dintre motivele care duc la deteriorarea unei relații este lipsa comunicării eficiente. Atunci când părțile nu reușesc să comunice deschis, sincer și cu respect, apar neînțelegeri, frustrări și tensiuni care pot afecta relația.

De asemenea, lipsa încrederii reciproce poate fi un factor important în deteriorarea unei relații. Atunci când una dintre părți nu se simte încrezătoare în cealaltă sau are motive să se îndoiască de sinceritatea sau loialitatea acesteia, relația poate suferi.

Un alt motiv care poate contribui la deteriorarea unei relații este lipsa de respect reciproc.

Atunci când părțile nu își arată respect și considerație reciprocă, se pot crea conflicte și tensiuni care duc la distanțare și dificultăți în relație.

Neîndeplinirea nevoilor și așteptărilor fiecărei părți poate duce la frustrare și nemulțumire care să ducă la deteriorarea relației.

O relație deteriorată poate apărea din cauza unor motive diverse, cum ar fi lipsa comunicării eficiente, lipsa încrederii reciproce, lipsa de respect sau neîndeplinirea nevoilor și așteptărilor fiecărei părți. Pentru a îmbunătăți o relație deteriorată, este important să se identifice aceste motive și să se lucreze împreună pentru a le remedia și restabili o comunicare și o înțelegere sănătoasă între părți.

O relație deteriorată poate fi definită ca o relație în care există o pierdere semnificativă a încrederii, comunicării și respectului între cei implicați. Această deteriorare poate fi rezultatul unor conflicte nerezolvate, lipsei de comunicare sau a unor acțiuni sau comportamente care au afectat negativ legătura dintre persoane.

Exemple de relații deteriorate includ:

- Un cuplu care se ceartă constant și nu mai găsește moduri să comunice eficient pentru a rezolva problemele lor. Lipsa de înțelegere și acceptare reciprocă poate deteriora treptat relația lor.

- Un prieten care a trădat încrederea altuia prin divulgarea unor secrete sau prin comportamente neloiale. Aceste acțiuni pot deteriora profund încrederea și relația dintre ei.

- Un coleg de muncă care nu își respectă colegii și nu cooperează în echipă pentru a atinge obiectivele comune. Lipsa de respect și colaborare poate deteriora relațiile profesionale și afecta negativ rezultatele echipei.

- Un părinte și un copil care au o relație tensă din cauza unor diferențe de opinii sau a unei comunicări ineficiente. Lipsa de înțelegere și empatie reciprocă poate deteriora relația lor și poate împiedica dezvoltarea unei legături sănătoase.

- Un prieten care a fost afectat de distanțare fizică sau emoțională, lipsa de interes reciproc sau de suport. Lipsa de implicare și comunicare în relație poate duce la deteriorarea legăturii lor și la îndepărtarea lor unul de celălalt.

O relație deteriorată poate fi definită ca o relație în care sentimentele de înțelegere, comunicare și respect reciproce au scăzut într-o măsură semnificativă.

Într-o relație deteriorată, partenerii pot simți distanță, lipsă de încredere, frustrare sau resentimente în legătură cu celălalt.

Un exemplu de relație deteriorată ar putea fi un cuplu căruia i s-a permis să crească distanța între ei, să comunice doar în moduri superficiale sau conflictuale și să nu mai se simtă conectați unul cu celălalt. Acest lucru poate fi rezultatul neglijării nevoilor emoționale ale celuilalt, ignorarea problemelor nerezolvate sau lipsa de comunicare deschisă și onestă.

Într-o relație de prietenie, deteriorarea poate fi rezultatul schimbărilor de interese sau valori care duc la o distanțare emoțională între prieteni.

De exemplu, dacă unul dintre prieteni dezvoltă alte priorități sau se angajă în comportamente dăunătoare relației, cum ar fi trădarea sau lipsa de respect, relația lor poate deteriora rapid.

O relație deteriorată este caracterizată de un nivel redus de respect, înțelegere și deschidere între cei implicați, ceea ce poate deteriora încet și relația în sine. Este important să identifici semnele unei relații deteriorate și să acționezi pentru a corecta problemele și reconstrui conexiunea și încrederea reciprocă în relație.

Relațiile deteriorate pot avea multiple motive, iar înțelegerea acestora este esențială pentru a putea remedia situația sau pentru a evita repetarea acelorași probleme în viitor. Unul dintre principalele motive ale unei relații deteriorate este lipsa comunicării eficiente. Atunci când partenerii nu își exprimă corect emoțiile, nevoile și așteptările, pot apărea tensiuni și frustrări care duc la distanțare între ei.

Un alt motiv este lipsa respectului reciproc. Atunci când unul dintre parteneri își ignoră sau își disprețuiește celălalt, relația se deteriorează rapid. Respectul este esențial într-o relație sănătoasă și fără el, nu se poate construi o legătură solidă și durabilă.

Incompatibilitatea valorilor și a personalităților este un alt motiv comun pentru deteriorarea relațiilor. Dacă partenerii au perspective diferite despre viață, priorități sau modul de a gestiona problemele, pot apărea conflicte și divergențe constante care duc la distanțare.

Infidelitatea este un alt factor care poate deteriora rapid o relație. Lipsa loialității și încrederea ruptă pot distruge complet încrederea și legătura dintre parteneri, iar reconstruirea unei relații după astfel de evenimente este extrem de dificilă.

Lipsa timpului și atenției acordate relației este un alt motiv pentru deteriorare.

Atunci când partenerii sunt cufundați în viața lor profesională, sau în alte activități, relația poate fi neglijată, iar sentimentele de singurătate și respingere pot apărea.

Este important ca partenerii să fie conștienți de aceste motive și să își acorde timp și atenție reciproc pentru a menține sau a remedia o relație deteriorată. Comunicarea deschisă, respectul reciproc, încrederea și loialitatea sunt elemente esențiale pentru construirea unei relații sănătoase și fericite.
Reconstruirea unei relații poate fi un proces lung și dificil, dar merită efortul deoarece aduce numeroase beneficii atât pentru părțile implicate, cât și pentru relația în sine.

Iată câteva motive pentru care reconstruirea unei relații este importantă și benefică:

- Cunoașterea reciprocă. În timpul procesului de reconstruire a relației, părțile implicate au posibilitatea să se cunoască mai bine, să-și împărtășească gândurile, sentimentele și dorințele lor. Acest lucru poate duce la o mai bună înțelegere reciprocă și la consolidarea legăturii dintre ele.

- Încredere și respect. Reconstruirea unei relații presupune reconstruirea încrederii reciproce și a respectului unul față de celălalt. Atunci când reușim să depășim obstacolele care ne-au despărțit și să ne reconstruim încrederea, relația devine mai puternică și mai solidă.

- Comunicare eficientă. Unul dintre principalele beneficii ale reconstruirii unei relații este îmbunătățirea comunicării între părți. Prin dialog deschis, sincer și constructiv, părțile pot rezolva conflictele, clarifica neînțelegerile și stabili obiective comune pentru viitor.

- Dezvoltare personală. Procesul de reconstruire a unei relații poate fi un prilej de creștere și dezvoltare personală pentru fiecare dintre parteneri. În timp ce își depășesc temerile, își exprimă nevoile și își rezolvă conflictele, aceștia învață să gestioneze mai bine relațiile interpersonale și să se dezvolte ca indivizi.

- Împlinire și fericire. Atunci când reușim să reconstruim o relație importantă pentru noi, simțim o profundă împlinire și fericire.

-Reconstruirea unei relații este un proces benefic care poate aduce îmbunătățiri semnificative în relația respectivă și în viața celor implicați. Este important să fim deschiși și receptivi la schimbare, să ne asumăm responsabilitatea pentru greșelile noastre și să investim timp și energie în reconstruirea unei relații sănătoase și armonioase.

-Reconstruirea unei relații este un proces complex și adesea dificil, dar extrem de important. O relație poate fi afectată de diferite probleme, cum ar fi lipsa de comunicare, neînțelegeri, lipsa de încredere sau comportamente dăunătoare. Însă, dacă ambii parteneri sunt dispuși să depună efortul necesar pentru a repara sau reconstrui relația, acest lucru poate aduce beneficii imense pentru ambele persoane implicate.

-Reconstruirea unei relații poate aduce îmbunătățiri semnificative în viața de cuplu sau în relația cu prietenii sau membrii familiei. O relație sănătoasă și armonioasă poate oferi sprijin, confort, înțelegere și împlinire emoțională, ceea ce poate contribui la bunăstarea și fericirea ambilor parteneri.

-Reconstruirea unei relații poate consolida legăturile dintre persoane și poate crea o bază solidă pentru o colaborare sau parteneriat pe termen lung.

Comunicarea deschisă, încrederea reciprocă și sinceritatea sunt elemente esențiale în procesul de reconstruire a unei relații și pot contribui la consolidarea relației în viitor.

Reconstruirea unei relații poate fi un proces dificil și solicitant, dar este un lucru extrem de important și benefic pentru ambele părți implicate.

O relație sănătoasă și armonioasă poate aduce fericire și împlinire emoțională, iar eforturile depuse pentru reconstruirea acesteia pot fi extrem de valoroase și meritorii.

Relațiile sunt pur și simplu fundamentale pentru viața noastră. Fie că vorbim despre relațiile romantice, cele de familie, de prietenie sau de afaceri, acestea ne definesc, ne susțin și ne influențează într-un mod profund și semnificativ.

Din păcate, nici o relație nu este perfectă și în timp pot apărea tensiuni, conflicte sau chiar despărțiri. Este important însă să conștientizăm că nici o relație este iremediabilă și că este întotdeauna posibil să reconstruim legătura cu ceilalți, indiferent de circumstanțe.

Reconstruirea unei relații este un proces complex și uneori dificil, care necesită timp, răbdare și efort din partea ambelor părți implicate.

Este important să ne deschidem inima și să fim dispuși să ascultăm și să înțelegem punctul de vedere al celuilalt, să fim empatici și să căutăm soluții și compromisuri care să ducă la refacerea legăturii noastre.

Reconstruirea unei relații ne poate aduce numeroase beneficii. În primul rând, ne permite să ne eliberăm de resentimente și tensiuni care ne pot afecta sănătatea mentală și emoțională. De asemenea, ne oferă oportunitatea de a construi o legătură mai profundă și mai autentică cu celălalt, bazată pe încredere, respect și comunicare deschisă.

În plus, recuperarea unei relații deteriorate ne poate oferi o nouă perspectivă asupra noastră înșine și a celuilalt, ne ajută să ne dezvoltăm empatia și capacitatea de a gestiona conflictele într-un mod sănătos și constructiv.

Deci reconstruirea unei relații este un proces esențial în viața noastră și ne poate aduce multiple beneficii atât pe plan personal, cât și în relația cu ceilalți. Este important să fim deschiși și să fim dispuși să lucrăm cu cealaltă persoană pentru a restabili legătura și pentru a construi o relație mai puternică și mai sănătoasă.

Reconstruirea unei relații este un proces complex și delicat, care necesită timp, răbdare și efort din partea ambelor părți implicate. Este important să recunoști greșelile trecute și să îți asumi responsabilitatea pentru ele, dar și să fii dispus să ierți și să înveți să mergi mai departe.

Un prim pas important în reconstruirea unei relații este comunicarea deschisă și sinceră. Trebuie să îți exprimi sentimentele, temerile și frustrările într-un mod constructiv și să îți asculți partenerul sau partenera cu empatie și înțelegere. Este esențial să clarifici nevoile și așteptările fiecăruia pentru a putea lucra împreună în direcția unei relații sănătoase și fericite.

De asemenea, este important să demonstrezi că ai învățat din greșelile trecute și să faci schimbările necesare pentru a nu repeta aceleași comportamente negative. Poate fi util să ceri feedback-ul partenerului sau partenerei și să fii deschis la sugestiile lor pentru a crește și a evolua împreună.

În timpul procesului de reconstruire a relației, este important să accepți că există momente dificile și conflicte inevitabile, dar este crucial să înveți să gestionezi aceste situații într-un mod matur și echilibrat. Împăcarea și iertarea nu vin peste noapte, ci necesită timp și efort pentru a construi din nou încrederea și respectul reciproc.

Reconstruirea unei relații poate fi un proces dificil și provocator, dar cu efort și angajament, poate aduce beneficii semnificative pentru ambele părți implicate.

Iată câteva avantaje ale reconstruirii unei relații:

- Îmbunătățirea comunicării: Reconstruirea unei relații oferă oportunitatea de a lucra la comunicarea dintre parteneri și de a învăța să comunice mai eficient și clar.

- Consolidarea încrederii: Prin abordarea problemelor și lucrând împreună pentru a le rezolva, partenerii pot construi o bază mai solidă de încredere în relație.

- Creșterea intimității: Reconstruirea unei relații poate aduce apropierea dintre parteneri și poate crea o legătură mai strânsă și mai profundă.

- Consolidarea respectului reciproc: Prin tratarea cu respect și căldură a celuilalt, partenerii pot consolida respectul reciproc și pot construi o bază solidă pentru o relație sănătoasă.

- Învățarea de la greșeli: Reconstruirea unei relații oferă ocazia de a reflecta asupra greșelilor trecute și de a învăța din ele pentru a evita repetarea lor în viitor.

- Creșterea maturității emoționale: Lucrul la reconstruirea unei relații necesită exprimarea și gestionarea emoțiilor în mod sănătos, ceea ce poate duce la o creștere a maturității emoționale pentru ambii parteneri.

- Consolidarea parteneriatului: Reconstruirea unei relații poate consolida sentimentul de parteneriat și colaborare între cei doi și poate crea un echilibru mai bun în relație.

- Crearea unei fundații mai puternice: Prin depășirea obstacolelor și lucrând împreună pentru a reconstrui relația, partenerii pot crea o fundație mai solidă pentru viitorul lor împreună.

- Îmbunătățirea bunăstării emoționale: O relație sănătoasă și armonioasă poate aduce beneficii semnificative pentru bunăstarea emoțională a ambilor parteneri.

Va propun 10 exercitii practice pentru reconstruirea unei relații :

1. Comunicarea deschisă și empatică.

Înlocuiți critica și reproșurile cu discuții sincere și empatice. Ascultați cu atenție punctele de vedere ale celuilalt și exprimați-vă propriile sentimente și nevoi. De exemplu, în loc să spuneți „Întotdeauna uiți să faci ceea ce am cerut", puteți spune „Mă simt neglijat când nu ești atent la cererile mele".

2. Rezolvarea conflictelor cu respect.

Învățați să gestionați conflictele într-un mod calm și constructiv. Evitați atacurile personale și concentrați-vă pe problema în sine. Găsiți soluții care să satisfacă ambele părți și să promoveze armonia în relație.

3. Petrecerea timpului împreună.

Faceți eforturi să vă conectați și să vă bucurați unul de compania celuilalt. Organizați ieșiri romantice, petreceri relaxante la domiciliu sau activități recreative care vă aduc bucurie și plăcere.

4. Sprijinirea reciprocă.

Fiți prezenți și solidari în momentele dificile și sărbătoriți împreună succesele și realizările celuilalt. Oferiți sprijin emoțional, moral și practic, demonstrând implicare și iubire necondiționată.

5. Gestionarea geloziei și încrederii.
Construiți încredere reciprocă și respectând spațiul și intimitatea celuilalt. Comunicați deschis și onest despre temerile și nevoile voastre, evitând comportamentele controlatoare sau posesive.

6. Îmbunătățirea intimității și conexiunii emoționale.
Mențineți și dezvoltați intimitatea emoțională și fizică în relație. Aveți discuții profunde și autentice, exprimând sentimentele și gândurile voastre cu sinceritate și deschidere.

7. Planificarea și atingerea obiectivelor comune.
Identificați și stabiliți obiective comune pentru viitorul relației și planificați strategii pentru a le atinge. Mențineți un echilibru între priorități personale și de cuplu, urmărind împreună succesul și fericirea voastră.

8. Recunoașterea și corectarea greșelilor.
Învățați să recunoașteți și să vă corectați greșelile în mod sincer și responsabil. Preveniți recidiva prin asumarea responsabilității pentru acțiunile și comportamentele voastre și angajamentul de a face schimbări pozitive.

9. Încurajarea creșterii și dezvoltării personal.
Sprijiniți-vă reciproc în creșterea și dezvoltarea personală, oferindu-vă unul altuia suportul și încurajarea necesară pentru a vă atinge obiectivele individuale și colective.

10. Angajament și investiție în relație.
Manifestați angajament și devotament față de relația voastră, investind timp, energie și resurse în consolidarea și îmbunătățirea ei. Fiecare partener trebuie să se implice activ și constant în menținerea și dezvoltarea unei relații sănătoase și fericite.

"O relație nu se reconstruiește doar cu scuze și promisiuni, ci cu efort, încredere și rezolvarea problemelor care au dus la deteriorarea ei." -

Capitolul 2: Reflectarea asupra motivelor deteriorarii unei relații .

- Analizarea propriilor acțiuni și comportamente care au contribuit la deteriorarea relației.

- Înțelegerea emoțiilor și gândurilor care au stat la baza acestor acțiuni.

Deteriorarea unei relații poate fi determinată de o serie de factori care pot apărea în timp și pot afecta legătura dintre două persoane. De cele mai multe ori, aceste motive sunt legate de lipsa de comunicare, de lipsa încrederii reciproce sau de neînțelegerea unor nevoi sau așteptări individuale.

Unul dintre cele mai des întâlnite motive pentru deteriorarea unei relații este lipsa comunicării sau comunicarea deficitară. Atunci când nu există deschidere și sinceritate în discuțiile dintre parteneri, se pot acumula tensiuni și frustrări care pot destabiliza legătura dintre ei. Ignorarea problemelor, evitarea discuțiilor dificile sau refuzul de a împărtăși gândurile și sentimentele pot duce la distanțare și deteriorare a relației.

Un alt motiv important este lipsa încrederii reciproce. Atunci când există suspiciuni sau neliniști legate de fidelitatea sau loialitatea partenerului, se poate instala un climat de tensiune și nesiguranță care afectează relația.

Neînțelegerea unor nevoi sau așteptări individuale poate fi, de asemenea, un motiv major pentru deteriorarea unei relații. Fiecare persoană are anumite nevoi și dorințe care trebuie îndeplinite într-o relație, iar atunci când acestea nu sunt satisfăcute sau nu sunt înțelese de către partener, se pot genera resentimente și conflicte care duc la deteriorarea relației.

Motivele deteriorării unei relații sunt diverse și complexe, dar pot fi gestionate și depășite prin comunicare deschisă, încredere reciprocă și înțelegere a nevoilor și așteptărilor individuale. Este important ca ambii parteneri să fie conștienți de aceste factori și să depună eforturi pentru menținerea și consolidarea relației lor.

Deteriorarea unei relații poate avea multiple cauze, iar recunoașterea și înțelegerea acestora este esențială pentru a încerca să se remedieze sau să se evite situații similare în viitor. Printre motivele care pot conduce la deteriorarea unei relații se numără lipsa comunicării sau comunicarea ineficientă, lipsa încrederii reciproce, divergențe majore în ceea ce privește valorile sau obiectivele de viață, precum și lipsa respectului și a susținerii reciproce.

Una dintre cele mai întâlnite cauze ale deteriorării unei relații este lipsa comunicării sau comunicarea ineficientă.

Atunci când părțile implicate în relație nu reușesc să comunice deschis și să își exprime nevoile, temerile sau frustrările, apar tensiuni și incomunicare, iar relația începe să se deterioreze treptat. De asemenea, lipsa încrederii reciproce poate fi un factor important în deteriorarea unei relații, deoarece este dificil să menții o legătură solidă și să construiești relații în absența acesteia.

Divergențele majore în ceea ce privește valorile, obiectivele sau interesele de viață pot fi de asemenea factori care contribuie la deteriorarea unei relații. Atunci când partenerii au perspective diferite asupra unor aspecte importante, precum religia, politica sau planurile de viitor, pot apărea tensiuni și conflicte care pun în pericol stabilitatea relației. Lipsa respectului și a susținerii reciproce sunt alte aspecte care pot conduce la deteriorarea unei relații, deoarece este esențial ca partenerii să se simtă respectați, apreciați și susținuți în cadrul relației lor.

Este important să fim conștienți de motivele care pot conduce la deteriorarea unei relații și să depunem eforturi pentru a le evita sau a le remedia. Comunicarea deschisă și sinceră, încrederea reciprocă, respectul și susținerea reciprocă sunt aspecte esențiale pentru a menține o relație sănătoasă și armonioasă.

Iată câteva exemple:

- Lipsa de comunicare.

Comunicarea este un element vital în orice relație și lipsa ei poate duce la neînțelegeri și tensiuni care pot deteriora relația în timp.

- Infidelitatea.

Infidelitatea poate distruge instantaneu încrederea și respectul într-o relație, făcând ca legătura dintre cei doi să se deterioreze rapid.

- Lipsa de respect reciproc.

Dacă partenerii nu se respectă și nu își arată apreciere unul altuia, relația lor poate deveni tensionată și toxică.

- Neglijarea nevoilor și dorințelor celuilalt.

Atunci când unul dintre parteneri nu își ia în considerare nevoile și dorințele celuilalt, acesta din urmă se poate simți ignorat și nesatisfăcut în relație.

- Trecerea timpului și rutina.

Rutina și lipsa de noutate în relație pot duce la plictiseală și dezinteres, ceea ce poate deteriora conexiunea emoțională dintre cei doi parteneri.

- Diferențe majore de valori și interese.

Dacă cei doi parteneri au valori sau interese diferite, aceste diferențe pot crea tensiuni în relație și pot duce la distanțare.

- Lipsa timpului petrecut împreună.

Dacă cei doi parteneri nu își petrec suficient timp împreună sau nu își acordă atenția necesară, relația lor poate să sufere.

- Lipsa compromisului și lipsa soluționării conflictelor.

Dacă cei doi parteneri nu sunt dispuși să găsească soluții în urma conflictelor sau nu sunt dispusi să facă compromisuri pentru binele relației lor, aceasta poate să se deterioreze rapid.

Relațiile sunt fragile și pot fi deteriorate de diverse acțiuni și comportamente. Unele dintre acestea pot include lipsa de comunicare, lipsa de respect reciproc, lipsa de încredere, egoismul, lipsa de susținere sau deținerea unor așteptări nerealiste.

-Lipsa de comunicare este unul dintre principalii factori care contribuie la deteriorarea relației. Atunci când nu găsim timp să comunicăm cu partenerul nostru despre nevoile noastre, dorințele sau problemele noastre, creăm un decalaj între noi și acea persoană.

-Lipsa de respect reciproc este un alt factor important. Atunci când nu ne respectăm partenerul sau nu îi arătăm recunoștință pentru lucrurile pe care le face pentru noi, putem crea un mediu toxic în care relația se deteriorează treptat.

-Lipsa de încredere este, de asemenea, o problemă comună în relații. Atunci când ne îndoim de sinceritatea sau de intențiile partenerului nostru, relația se deteriorează și dezbinarea devine inevitabilă.

-Egoismul este un alt comportament care poate afecta relația. Atunci când suntem concentrați doar pe propriile noastre nevoi și dorințe și ignorăm cele ale partenerului nostru, creăm un dezechilibru care poate duce la resentimente și distanțare.

-Lipsa de susținere este un alt factor important în deteriorarea relației. Atunci când nu suntem acolo pentru partenerul nostru în momentele grele sau nu îl sprijinim în alegerile pe care le face, relația poate deveni fragilă și să se deterioreze rapid.

Deținerea unor așteptări nerealiste poate contribui la deteriorarea relației. Atunci când avem așteptări greșite sau nerealiste față de partenerul nostru și acesta nu le îndeplinește, putem deveni dezamăgiți și relația noastră poate fi afectată.

Pentru a evita deteriorarea relației, este important să comunicăm deschis și sincer cu partenerul nostru, să ne respectăm reciproc, să avem încredere unul în celălalt, să fim altruisti și să ne sprijinim reciproc în orice situație, și să avem așteptări realiste față de partenerul nostru.

Relațiile se pot deteriora din cauza unui număr variat de acțiuni sau comportamente care pot afecta încrederea, comunicarea și respectul reciproc. Unul dintre factorii principali ai deteriorării unei relații este lipsa comunicării sau comunicarea ineficientă. Atunci când partenerii nu își exprimă sentimentele sau nevoile, sau nu sunt dispuși să asculte cu atenție și să încerce să înțeleagă perspectiva celuilalt, relația poate deveni tensionată și plină de neînțelegeri.

Un alt factor care poate contribui la deteriorarea unei relații este lipsa încrederii. Dacă unul dintre parteneri își încalcă promisiunile, ascunde lucruri sau se poartă în mod necorespunzător în relație, celălalt partener poate începe să își pună întrebări cu privire la sinceritatea și loialitatea sa.

Lipsa încrederii poate distruge o relație într-un timp relativ scurt și poate fi dificil de reconstruit.

În plus, comportamentele toxice și abuzive pot deteriora rapid o relație. Critica constantă, controlul excesiv, manipularea și lipsa de respect pot crea un mediu toxic în care niciunul dintre parteneri nu se simte în siguranță sau apreciat. Abuzul emoțional sau fizic într-o relație este inacceptabil și poate avea consecințe grave pentru sănătatea mentală și emoțională a persoanelor implicate.

Lipsa angajamentului în relație poate duce, de asemenea, la deteriorarea acesteia. Dacă unul dintre parteneri nu este dispus să își investească timp, energie și resurse în a menține și îmbunătăți relația, aceasta poate începe să se deterioreze treptat. Fără un angajament puternic și continuu, relația poate deveni fragilă și vulnerabilă la eventuale conflicte și probleme care pot apărea.

Comunicarea ineficientă, lipsa încrederii, comportamentele toxice și abuzive și lipsa angajamentului pot contribui la deteriorarea unei relații. Este important ca partenerii să fie sinceri, deschiși și respectuoși unul față de celălalt și să fie dispuși să lucreze împreună pentru a construi o relație sănătoasă și fericită.

- Lipsa comunicării adecvate și deschise.

– Atunci când partenerii nu își împărtășesc gândurile, sentimentele și nevoile unul altuia, există riscul de a se simți neînțeleși și neglijați. Lipsa unei comunicări adecvate poate duce la supărări și resentimente acumulate în timp, deteriorând relația.

- Lipsa timpului petrecut împreună.

– Orice relație are nevoie de timp și atenție pentru a se dezvolta și a se menține sănătoasă. Dacă partenerii nu își fac timp unul pentru celălalt sau sunt preocupați cu alte aspecte ale vieții lor, relația lor ar putea suferi și distanța între ei s-ar putea accentua.

- Lipsa sprijinului reciproc.

– Atunci când partenerii nu se susțin unul pe celălalt în momente dificile sau nu își arată recunoștința și aprecierea pentru eforturile celuilalt, relația lor poate deveni fragilă. Lipsa sprijinului reciproc poate duce la sentimente de singurătate și izolare în cadrul cuplului.

- Infidelitatea.

– Unul dintre cele mai grave aspecte care pot deteriora o relație este infidelitatea. Atunci când unul dintre parteneri înșală, încrederea și respectul reciproc sunt grav afectate, iar recuperarea încrederii și reconstruirea relației devin extrem de dificile.

- Comportamente abuzive.

– Orice formă de abuz într-o relație, fie el verbal, emoțional sau fizic, poate distruge complet încrederea și siguranța partenerului abuzat. Comportamentele abuzive nu ar trebui tolerate într-o relație sănătoasă și pot duce la deteriorarea relației și chiar la sfârșitul acesteia.

Relația noastră a început să se deterioreze treptat din cauza unor comportamente care s-au acumulat în timp. Unul dintre lucrurile care a contribuit la această deteriorare a fost lipsa comunicării eficiente. Ne-am îndepărtat unul de celălalt și ne-am păstrat sentimentele și gândurile pentru noi înșine, ceea ce a dus la o distanțare emoțională.

De asemenea, un alt aspect care a afectat relația noastră a fost lipsa de încredere reciprocă. Ne-am surprins unul pe celălalt făcând lucruri care au tulburat încrederea pe care ne-o acordam și acest lucru a generat un cerc vicios de suspiciune și tensiune în relația noastră.

De-a lungul timpului, am manifestat și comportamente de manipulare sau control asupra celuilalt, ceea ce a dus la o disfuncționalitate și la sentimente de supunere sau frustrare. Acest lucru a contribuit la creșterea tensiunilor și la deteriorarea sentimentelor de armonie.

Lipsa de respect reciproc și de susținere în momentele dificile a avut un impact semnificativ asupra relației noastre. Am uitat să ne sprijinim unul pe celălalt și să ne respectăm nevoile și dorințele, iar acest lucru a dus la un declin constant în legătura noastră.

Toate aceste comportamente negative au contribuit într-o măsură sau alta la deteriorarea relației noastre și ne-au adus în punctul în care suntem acum, gata de a face o evaluare sinceră a situației și de a lua măsuri pentru a reconstrui și repara relația noastră.
Relațiile pot fi deteriorate de diferite comportamente, fie ele conștiente sau inconștiente.

Iată câteva exemple de comportamente care pot duce la deteriorarea unei relații:

- Lipsa comunicării sau comunicarea defectuoasă. Când unul sau ambii parteneri nu își exprimă nevoile, dorințele sau sentimentele, comunicarea deficitară poate duce la tensiuni și frustrare în relație.

De exemplu, atunci când un partener nu își exprimă nemulțumirile sau îngrijorările sale, acestea se pot acumula și pot duce la escaladarea conflictului.

- Lipsa empatiei și a înțelegerii.

Este important ca partenerii să fie deschiși să își pună în locul celuilalt și să încerce să înțeleagă perspectivele și trăirile acestuia. Dacă un partener este lipsit de empatie sau nu își arată înțelegerea față de starea emoțională a celuilalt, acest lucru poate deteriora relația.

- Infidelitatea.

Infidelitatea este unul dintre cele mai grave comportamente care pot deteriora o relație. Atunci când unul dintre parteneri își înșală partenerul, încrederea este afectată în mod grav și poate fi greu de reconstruită.

- Critica și jignirile.

Critica constantă sau jignirile repetate pot afecta stima de sine a partenerului și pot duce la resentimente în relație. Este important ca partenerii să ofere critici constructivă și să evite atacurile personale.

- Ignorarea nevoilor și dorințelor partenerului:

Atunci când unul dintre parteneri nu este atent la nevoile și dorințele celuilalt sau le ignoră în mod voit, aceasta poate duce la disconfort și resentimente în relație.

Acestea sunt doar câteva exemple de comportamente care pot contribui la deteriorarea unei relații. Este important ca partenerii să fie conștienți de impactul pe care comportamentele lor îl au asupra relației și să fie dispuși să își corecteze comportamentele în funcție de nevoile și dorințele celuilalt.

Relațiile sunt un aspect esențial al vieții noastre și pot aduce atât bucurie și împlinire, cât și suferință și durere. Uneori, chiar și cele mai puternice și armonioase relații se pot deteriora din cauza unor emoții și gânduri care nu au fost înțelese sau gestionate corect.

Înțelegerea emoțiilor și gândurilor care au stat la baza deteriorării unei relații este un proces complex, care necesită o analiză atentă a comportamentelor și interacțiunilor dintre cei implicați. Este important să identificăm și să recunoaștem trăirile noastre și ale celorlalți, pentru a putea găsi soluții și modalități de reparare a relației.

Uneori, lipsa comunicării sau neînțelegerea nevoilor și dorințelor celuilalt pot duce la conflicte și tensiuni în relație. De asemenea, traumele din trecut sau problemele nerezolvate pot afecta relația și pot crea resentimente sau blocaje emoționale.

Pentru a repara o relație deteriorată, este important să fim deschiși și receptivi la emoțiile și gândurile celuilalt, să fim empatici și să ne implicăm activ în rezolvarea problemelor. Comunicarea deschisă și sinceră este cheia pentru reconstruirea încrederii și a conexiunii într-o relație.

Înțelegerea și acceptarea emoțiilor și gândurilor care au dus la deteriorarea unei relații pot să ne ajute să creștem și să evoluăm atât individual, cât și împreună cu partenerul nostru. Este important să fim conștienți de impactul pe care trăirile noastre îl pot avea în relație și să fim dispuși să lucrăm la îmbunătățirea și armonizarea acesteia.

Uneori, când relația noastră se deteriorează, este important să înțelegem și să recunoaștem emoțiile care au stat la baza acestui proces. Poate fi dificil să ne confruntăm cu propriile noastre sentimente și să le recunoaștem, dar acest lucru este esențial pentru a putea repara sau a evita astfel de situații în viitor.

Unele dintre emoțiile pe care le putem resimți într-o relație deteriorată includ frustrare, furie, tristețe, invidie sau chiar resentimente. Aceste sentimente pot proveni din diferite locuri, cum ar fi lipsa de comunicare, lipsa de înțelegere sau lipsa de atașament emoțional.

De exemplu, frustrarea poate apărea atunci când partenerul nu se implică în relație sau nu își respectă promisiunile. Furia poate apărea din cauza unui conflict nerezolvat sau a comportamentului abuziv.

Tristețea poate apărea din cauza sentimentului de singurătate sau a lipsei de suport din partea partenerului.

Pentru a putea înțelege și gestiona aceste emoții, este important să ne acordăm timp să le recunoaștem și să le acceptăm. Poate fi util să discutăm cu partenerul despre propriile noastre sentimente și să încercăm să găsim soluții pentru a le gestiona în mod sănătos.

Relațiile interumane sunt extrem de complexe și pot fi influențate de o varietate de factori. Deteriorarea unei relații poate fi rezultatul unor gânduri, emoții sau acțiuni care afectează în mod negativ comunicarea și conexiunea dintre persoane.

Un factor important în deteriorarea relațiilor poate fi lipsa de comunicare sau comunicarea deficientă. Atunci când nu ne exprimăm cu sinceritate sentimentele și gândurile, se poate crea un blocaj în relație care duce la distanțare și neînțelegere. De asemenea, interpretarea greșită a cuvintelor sau acțiunilor celuilalt poate duce la conflicte sau resentimente.

Un alt aspect care poate contribui la deteriorarea relației este lipsa empatiei și a respectului reciproc. Atunci când nu ne punem în locul celuilalt sau nu îl tratăm cu respect și considerație, se poate crea un sentiment de neîncredere și disconfort în relație.

Dacă nu putem să ne îndeplinim nevoile emoționale sau sentimentale în cadrul relației, putem deveni frustrați sau nemulțumiți și acest lucru poate duce la tensiuni sau tensiuni între parteneri.

Pentru a preveni deteriorarea relației, este important să ne exprimăm deschis gândurile și sentimentele, să practicăm empatia și respectul reciproc și să fim conștienți de nevoile și dorințele partenerului. Comunicarea deschisă și sinceră, împreună cu înțelegerea și acceptarea reciprocă, pot ajuta la rezolvarea conflictelor și întărirea legăturii dintre parteneri.

Deteriorarea relației poate să fie rezultatul mai multor factori, printre care lipsa comunicării eficiente, lipsa încrederii reciproc, neînțelegeri sau diferențe majore în valorile sau obiectivele de viață.

-De exemplu, un cuplu care nu comunică deschis și sincer despre problemele lor poate acumula resentimente și frustrări care, în timp, vor distruge legătura lor. Dacă unul dintre parteneri nu se simte înțeles sau nu se simte auzit, acesta poate să se retragă emoțional și să își găsească satisfacția în afara relației.

-Un alt exemplu poate fi reprezentat de diferențele majore în valorile sau obiectivele de viață ale partenerilor. De exemplu, dacă unul dintre parteneri consideră că cariera este prioritatea numărul unu și celălalt consideră că familia ar trebui să fie pe primul loc, aceste diferențe de perspectivă pot conduce la dispute și tensiuni constante în cuplu.

Lipsa încrederii reciproc poate avea un impact semnificativ asupra relației. Dacă unul dintre parteneri se simte neglijat sau trădat în vreun fel, acest lucru poate crea un decalaj de înțelegere și conexiune între cei doi, conducând la o deteriorare a relației.

Prin înțelegerea și conștientizarea acestor gânduri care stau la baza deteriorării relației, cuplurile pot lucra împreună pentru a identifica și soluționa problemele care le afectează și pentru a reconstrui legătura lor într-un mod sănătos și sustenabil.

Va propun 10 exercitii pracrice pentru aplanarea motivelor deteriorarii unei relații.

1. Comunicarea deschisă și onestă.
Este important să vorbiți deschis și onest despre problemele din relație.
De exemplu, dacă unul dintre parteneri simte că celălalt nu își împărtășește suficient ideile și sentimentele, ar trebui să discute despre acest lucru și să găsească modalități de a comunica mai eficient.

2. Îmbunătățirea empatiei.Încercați să vă puneți în locul celuilalt și să înțelegeți perspectiva sa.
De exemplu, dacă unul dintre parteneri se simte ignorat sau subapreciat, celălalt ar trebui să încerce să își imagineze cum s-ar simți în aceeași situație și să acționeze în consecință.

3. Gestionarea conflictelor: Învățați să gestionați conflictele într-un mod constructiv și respectuos. De exemplu, evitați să faceți reproșuri sau să folosiți jigniri în timpul unei discuții și căutați soluții care să îi satisfacă pe amândoi.

4. Respect reciproc.Încurajați-vă unul pe celălalt și recunoașteți contribuțiile pe care le faceți în relație. De exemplu, arătați apreciere pentru eforturile depuse de partener în casa sau la locul de muncă.

5. Petrecerea timpului împreună.
Faceți eforturi pentru a petrece timp de calitate împreună și pentru a vă întări legătura.
De exemplu, puteți merge la plimbare în parc sau la un film împreună.

6. Menținerea romanticismului.
Nu uitați să fiți romantici și să vă arătați afecțiune reciprocă.De exemplu, puteți face surprize plăcute sau să vă spuneți cât de mult vă iubiți în mod regulat.

7. Lucrul în echipă.
Încercați să luați decizii împreună și să vă susțineți unul pe celălalt în atingerea obiectivelor personale și comune. De exemplu, puteți să vă stabiliți obiective pe termen lung și să lucrați împreună pentru a le atinge.

8. Rezolvarea problemelor financiare.
Discutați despre problemele financiare și găsiți soluții împreună. De exemplu, puteți face un plan de economisire în comun sau să stabiliți un buget pentru cheltuieli.

9. Renunțarea la comportamente toxice.Evitați comportamentele toxice, precum minciuna, manipularea sau agresivitatea.

În schimb, căutați să vă sprijiniți unul pe celălalt și să vă încurajați să fiți cei mai buni versiuni ale voastre.

10. Participarea la terapie de cuplu.
Dacă simțiți că nu puteți rezolva problemele în relație singuri, puteți căuta ajutor profesional. Un terapeut de cuplu vă poate oferi instrumentele și ghidarea necesare pentru a depăși obstacolele și a vă reconstrui legătura.

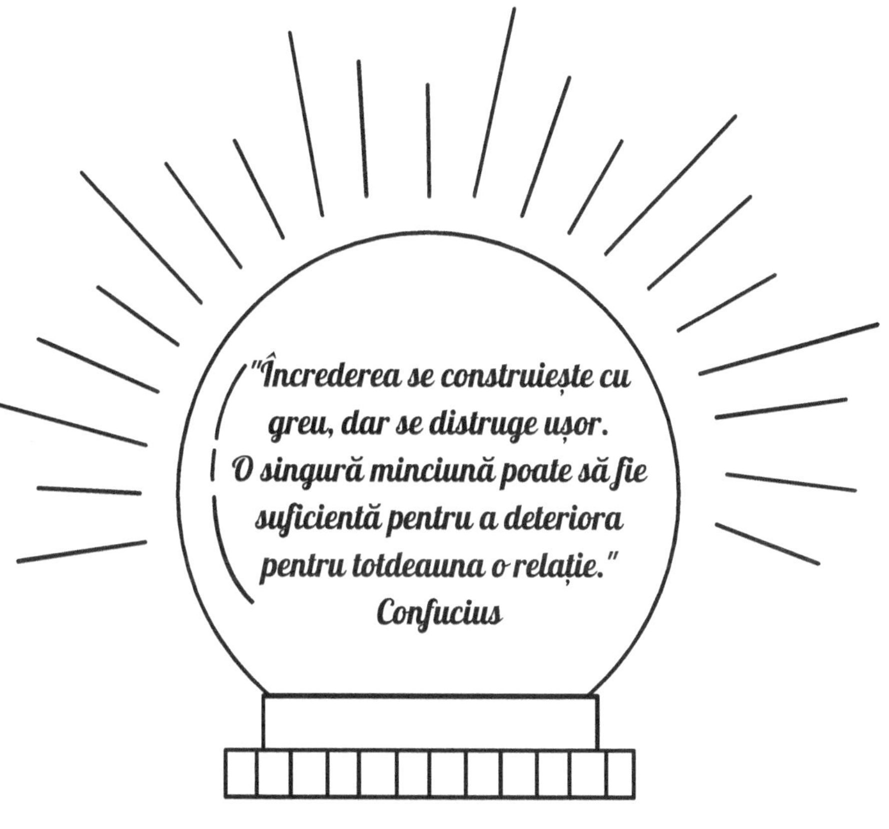

"Încrederea se construiește cu greu, dar se distruge ușor.
O singură minciună poate să fie suficientă pentru a deteriora pentru totdeauna o relație."
Confucius

Capitolul 3: Comunicarea sinceră.

- Importanța deschiderii și sincerității în comunicarea cu celălalt.

- Cum să-ți exprimi cu claritate sentimentele și dorințele pentru reconstruirea relației.

Comunicarea sinceră este un element extrem de important în orice relație, fie că vorbim de relații romantice, de prietenie sau de familie. Ea implică capacitatea de a comunica deschis și onest, fără a ascunde sau distorsiona adevărul.

Prin comunicarea sinceră, părțile implicate pot exprima în mod clar sentimentele, gândurile și nevoile lor, fără teama de a fi judecate sau respinse. Astfel, se poate construi o bază solidă pentru înțelegere și rezolvarea conflictelor, iar relația poate crește și se poate dezvolta în mod sănătos.

Un factor important în comunicarea sinceră este și capacitatea de ascultare activă, de a acorda atenție cu adevărat celuilalt și de a încerca să înțelegem perspectiva sa. Aceasta implică empatie și deschidere către punctele de vedere diferite, ceea ce poate duce la consolidarea relației și la creșterea încrederii reciproce.

Comunicarea sinceră este esențială pentru construirea unui mediu de relație în care se poate exprima autenticitatea și se poate construi o legătură puternică și profundă între parteneri.

Este important să fim sinceri cu noi înșine și cu cei din jurul nostru pentru a dezvolta relații sănătoase și fericite.

Comunicarea sinceră este esențială în orice relație sănătoasă. Ea implică capacitatea de a exprima cu deschidere sentimente, gânduri, nevoi și dorințe fără teama de a fi judecat sau respins. Comunicarea sinceră se bazează pe încredere, respect reciproc și acceptarea faptului că fiecare persoană are dreptul să-și exprime liber opinia.

Unul dintre aspectele importante ale comunicării sincere în relații este asumarea responsabilității pentru propriile cuvinte și acțiuni. Aceasta înseamnă că trebuie să fim sinceri și să fim dispuși să ne asumăm consecințele acțiunilor noastre. De asemenea, comunicarea sinceră implică ascultarea activă a celuilalt, înțelegerea și validarea sentimentelor sale, chiar dacă nu suntem de acord cu ele.

Comunicarea sinceră ne ajută să evităm neînțelegerile, conflictele și resentimentele în relații. Atunci când vorbim deschis și sincer despre ce simțim, putem rezolva problemele în mod eficient și putem construi o bază solidă pentru o relație sănătoasă și fericită.

Comunicarea sinceră este vitală în orice relație deoarece contribuie la întărirea legăturii dintre parteneri, la creșterea încrederii reciproce și la îmbunătățirea calității relației.

Comunicarea este un aspect esențial al relațiilor interpersonale și poate avea un impact semnificativ asupra modului în care ne înțelegem și colaborăm unii cu alții. Deschiderea și sinceritatea sunt două aspecte cheie ale unei comunicări eficiente și sănătoase.

Atunci când suntem deschiși în comunicarea cu ceilalți, le oferim posibilitatea să ne cunoască și să ne înțeleagă mai bine. Fiind sinceri și autentici, ne putem exprima cu claritate gândurile, emoțiile și nevoile noastre, facilitând astfel înțelegerea reciprocă. De asemenea, deschiderea în comunicare ne ajută să fim vulnerabili și să ne arătăm latura noastră umană, ceea ce poate contribui la construirea unei relații mai profunde și mai sincere.

Pe de altă parte, lipsa deschiderii și sincerității în comunicare poate crea disconfort, neîncredere și distanță între noi și cei din jurul nostru. Ascunderea adevărului sau prezentarea unei imagini false despre noi înșine poate dăuna relațiilor noastre și poate crea blocaje în comunicare. De asemenea, lipsa sincerității poate duce la interpretări greșite sau la neînțelegeri, afectând relațiile noastre cu ceilalți.

Prin urmare, este important să cultivăm deschiderea și sinceritatea în comunicarea cu cei din jurul nostru. reciprocă.

Să ne exprimăm cu simplitate și autenticitate gândurile, sentimentele și nevoile noastre, să ascultăm cu atenție și să fim receptivi la ceea ce ceilalți își doresc să ne transmită. Prin aceste aspecte, putem construi relații mai autentice, mai sănătoase și mai profunde, bazate pe încredere, respect și înțelegere.

Deschiderea în comunicare este extrem de importantă pentru stabilirea unei conexiuni autentice și eficiente cu celălalt. Atunci când ne deschidem în fața celorlalți, arătăm că suntem dispuși să ascultăm, să înțelegem și să fim vulnerabili în fața lor. Acest lucru creează un climat de încredere și deschidere reciprocă, care facilitează o comunicare mai profundă și mai eficientă. Atunci când ne deschidem în comunicare, arătăm celorlalți că suntem dispuși să îi ascultăm cu atenție, să le acordăm importanța pe care o merită și să fim empatici în fața sentimentelor și experiențelor lor. Ne arătăm vulnerabilitatea și recunoaștem că nu suntem perfecți, ceea ce poate crea o legătură mai puternică și mai autentică cu cei din jurul nostru.

De asemenea, deschiderea în comunicare ne ajută să evităm conflictele și neînțelegerile, deoarece permite clarificarea și exprimarea deschisă a gândurilor, emoțiilor și nevoilor noastre. Acest lucru facilitează o comunicare mai eficientă și mai constructivă, în care fiecare parte se simte ascultată și respectată.

Deschiderea în comunicare este esențială pentru stabilirea unei conexiuni autentice și eficiente cu ceilalți. Aceasta ne ajută să creăm un climat de încredere și deschidere reciprocă, să evităm conflictele și să comunicăm mai eficient și mai constructiv. Prin urmare, este important să ne deschidem în fața celorlalți și să cultivăm o comunicare bazată pe sinceritate, ascultare și empatie.

-Sinceritatea în comunicare reprezintă un aspect crucial în relațiile interpersonale și în construirea unei conexiuni autentice cu cei din jurul nostru. A fi sincer înseamnă să fii deschis și transparent în relațiile noastre, creând o atmosferă de încredere și respect reciproc.

-Sinceritatea în comunicare este esențială pentru stabilitatea și sănătatea relațiilor noastre interpersonale. Atunci când suntem sinceri, ne asigurăm că există un schimb autentic de informație între noi și celălalt, evitând astfel confuziile, neînțelegerile sau conflictele care pot apărea atunci când ascundem adevărul sau manipulăm comunicarea.

-Sinceritatea ne ajută să ne exprimăm cu claritate dorințele, nevoile și intențiile noastre, facilitând astfel o comunicare mai eficientă și constructivă.

De asemenea, sinceritatea în comunicare ne permite să ne conectăm cu cei din jurul nostru la un nivel mai profund și autentic. Atunci când suntem sinceri, ne arătăm vulnerabilitatea și autenticitatea, ceea ce poate construi un nivel mai profund de înțelegere și empatie în relațiile noastre interpersonale. Sinceritatea ne ajută să ne formăm relații autentice și sincere, bazate pe încredere și respect reciproc.

Deci sinceritatea în comunicare reprezintă un element esențial în relațiile noastre interpersonale, contribuind la construirea unei conexiuni autentice și sănătoase cu cei din jurul nostru. Prin fiind sincer și deschis în comunicarea noastră, putem construi relații bazate pe încredere, respect reciproc și autenticitate, ceea ce poate contribui la îmbunătățirea calității vieții noastre și a relațiilor noastre interpersonale.

Sinceritatea este un aspect crucial în comunicarea cu ceilalți deoarece creează încredere și stabilește o bază solidă pentru relații sănătoase.

Iată cateva exemple care ilustrează importanța sincerității în comunicarea cu celălalt:

- În relațiile de cuplu, sinceritatea este esențială pentru a construi o legătură autentică între parteneri. Să fii sincer cu partenerul tău despre sentimentele, gândurile și nevoile tale este cheia pentru o relație sănătoasă și fericită.

- În mediul de lucru, sinceritatea este crucială pentru o comunicare eficientă și pentru a evita conflictele. Angajații care sunt sinceri în exprimarea opiniilor lor își câștigă respectul colegilor și managerilor lor.

- În relațiile de prietenie, sinceritatea este esențială pentru a construi o legătură autentică și durabilă. Prietenii care sunt sinceri unul cu celălalt pot să treacă cu ușurință peste obstacole și să se sprijine reciproc în momente dificile.

- În educație, sinceritatea este importantă pentru a încuraja învățarea și dezvoltarea personală a elevilor. Profesorii care sunt sinceri în feedback-ul lor pot ajuta elevii să înțeleagă unde pot să se îmbunătățească și să își atingă potențialul maxim.

- În relațiile părinte-copil, sinceritatea este crucială pentru a stabili o legătură de încredere și respect între părinți și copii.

Părinții care sunt sinceri cu copiii lor îi învață să fie onești și responsabili în relațiile cu ceilalți.

- În negocieri și afaceri, sinceritatea este esențială pentru a construi relații de lungă durată cu clienții și partenerii de afaceri. Firmele care se bazează pe sinceritate și integritate câștigă încrederea și loialitatea clienților lor.

- În tratamentul medical, sinceritatea este crucială pentru a stabili o relație de încredere între medic și pacient. Medicii care sunt sinceri cu pacienții lor despre diagnostic, prognostic și opțiunile de tratament îi ajută să ia decizii informate și să își îmbunătățească starea de sănătate.

- În comunicarea publică, sinceritatea este importantă pentru a transmite mesajele într-un mod autentic și credibil. Oratorii care sunt sinceri cu auditoriul lor creează conexiuni puternice și lasă o impresie durabilă asupra audienței.

Pentru a-ți exprima cu claritate sentimentele și dorințele pentru reconstruirea relației, este important să fii sincer și deschis în comunicare. În primul rând, ar trebui să îți identifici și să îți înțelegi propriile sentimente și gânduri cu privire la relația respectivă.

Deschiderea și sinceritatea în comunicare cu ceilalți sunt esențiale pentru a construi relații sănătoase și sincere. Atunci când ne exprimăm deschis și sincer, transmitem încredere și credibilitate celor din jur. Comunicarea autentică ne ajută să ne realizăm nevoile, să ne exprimăm gândurile și sentimentele, să clarificăm și să rezolvăm problemele într-un mod eficient. De asemenea, deschiderea și sinceritatea în comunicare ne ajută să ne simțim mai conectați și mai apropiați de cei din jur și să evităm conflictele și neînțelegerile.

Deschiderea și sinceritatea în comunicarea cu ceilalți sunt importante pentru a construi relații autentice și sănătoase. Este important să fim sinceri cu noi înșine și cu ceilalți, să ne exprimăm gândurile și sentimentele în mod deschis și să ne ascultăm reciproc cu atenție și înțelegere. Comunicarea autentică poate fi cheia pentru relații reușite și satisfăcătoare în viața noastră personală și profesională.

Apoi, poți alege să vorbești direct cu partenerul tău despre ceea ce simți și ce îți dorești în cadrul relației. Poți utiliza metode de comunicare eficientă, cum ar fi exprimarea emoțiilor și nevoilor tale într-un mod calm și empatic. Este important să fii sincer și să te asiguri că partenerul înțelege exact ce simți și ce îți dorești.

De asemenea, ar fi util să îți expui și să asculți nevoile și dorințele partenerului tău. Comunicarea deschisă și onestă este cheia pentru a reconstrui o relație sănătoasă și armonioasă. Fii dispus să asculți și să înțelegi punctele de vedere ale celuilalt și să găsiți soluții comune pentru a repara și a consolida relația.

Ar trebui să ai răbdare și să investești timp și efort în reconstruirea relației. Încrederea și iubirea nu se refac peste noapte, dar cu comunicare deschisă, sinceritate și compromisuri din ambele părți, puteți construi o relație mai puternică și mai sănătoasă decât înainte.

Pentru a-ți exprima cu claritate sentimentele în vederea reconstruirii unei relații, este important să comunici deschis și sincer cu partenerul tău. În primul rând, este esențial să fii conștient de propriile emoții și să îți înțelegi sentimentele înainte de a le comunica. Poate fi de ajutor să iei în considerare motivele care au dus la deteriorarea relației și să identifici ce anume simți acum.

În momentul în care ești pregătit să îți exprimi sentimentele, asigură-te că alegi un moment potrivit și un mediu propice pentru discuție. Poți alege să vorbești într-un cadru intim și liniștit, în care amândoi aveți timpul și resursele necesare pentru a discuta fără întreruperi sau presiuni exterioare.

Atunci când îți exprimi sentimentele, încearcă să fii cât mai sincer și deschis posibil. Fii dispus să îți asumi responsabilitatea pentru propriile acțiuni și să exprimi remușcarea pentru greșelile pe care le-ai făcut în trecut. În același timp, fii receptiv la sentimentele și nevoile partenerului tău și arată-i că îți pasă de ceea ce simte.

Este important să fii pregătit să asculți și să înțelegi punctul de vedere al partenerului tău și să fii deschis la comunicare și compromisuri în vederea reconstruirii relației. Fii pregătit să faci eforturi pentru a schimba comportamentele sau obiceiurile care au afectat negativ relația, și să îți arăți disponibilitatea de a lucra împreună pentru a rezolva problemele existente.

În cele din urmă, exprimarea cu claritate a sentimentelor tale înseamnă să fii sincer și autentic în ceea ce simți și să îți exprimi nevoile și dorințele într-un mod empatic și responsabil. Comunicarea deschisă și sinceră este cheia pentru reconstruirea unei relații și pentru construirea unei legături puternice și sănătoase cu partenerul tău.

- Comunică deschis și sincer cu partenerul tău despre emoțiile tale. Spune-i cum te simți și de ce anume te-a afectat în relație.

De exemplu, poți spune: "Îmi simt anxietatea crescând când nu comunicăm deschis unul cu celălalt."

- Folosește "eu" în loc de "tu" atunci când vorbești despre sentimentele tale. Încearcă să eviți acuzele și să îți exprimi nevoile.

De exemplu, poți spune: "Simt că mă simt singură când nu petrecem timp de calitate împreună."

- Recunoaște-ți propriile erori și fii dispus să asumi responsabilitatea pentru partea ta în problemele relației. Arată că ești dispus să lupți pentru reconstruirea ei.

De exemplu, poți spune: "Îmi pare rău că nu am făcut mai mult pentru a îți arăta cât de mult îți pasă și sunt hotărât să îmbunătățesc acest aspect."

- Ascultă cu atenție și empatie perspectiva partenerului tău și arată că îți pasă de sentimentele lor. Nu îi întrerupe când își exprimă gândurile și emoțiile.

De exemplu, poți spune: "Îmi pare rău că te-am făcut să te simți ignorat/ă. Vreau să înțeleg cum te-ai simțit și cum pot să te sprijin mai bine în viitor."

- Fii deschis și flexibil în ceea ce privește schimbările pe care ești dispus să le faci în relație. Arată că ești dispus să te implici activ în reconstruirea și îmbunătățirea ei.

De exemplu, poți spune: "Sunt dispus să fac terapie de cuplu și să lucrăm împreună pentru a ne redescoperi ca parteneri."

- Apreciază calitățile și acțiunile pozitive ale partenerului tău și arată recunoștință pentru acestea. Recunoaște-i eforturile și gesturile lor de dragoste.

De exemplu, poți spune: "Apreci foarte mult cât de mult te implici în bunăstarea noastră și îți mulțumesc pentru toate eforturile pe care le depui pentru noi."

- Fii răbdător și înțelegător în timpul procesului de reconstruire a relației. Înțelege că schimbările nu se vor produce peste noapte și că va trebui să depuneți eforturi constante pentru a vă redescoperi unul pe celălalt într-un mod mai profund.

De exemplu, poți spune: "Îmi dau seama că va dura ceva timp să ne reconstruim încrederea unul în celălalt, dar sunt hotărât să fac asta împreună."

- Demonstrează iubire și atașament față de partenerul tău în moduri concrete și sincere. Găsește modalități de a îi arăta că îți pasă prin gesturi mici și mari de afecțiune și grijă.

De exemplu, poți planifica o cină romantică sau o scurtă escapadă pentru a vă reaminti de momentele frumoase petrecute împreună.

Pentru a-ți exprima dorințele pentru reconstruirea unei relații, este important să comunici sincer și deschis cu partenerul tău. Începe prin a identifica cu atenție ce anume îți dorești să schimbi sau să îmbunătățești în relație și împărtășește aceste gânduri cu partenerul tău într-un mod empatic și respectuos.

Poate fi util să te concentrezi pe aspectele pozitive ale relației și să îți exprimi recunoștința pentru momentele frumoase pe care le-ați trăit împreună. În același timp, fii deschis în a discuta și despre problemele sau dificultățile pe care le-ați întâmpinat, fără a pune vina unul pe celălalt.

În timpul discuției, ascultă cu atenție și cu empatie punctele de vedere ale partenerului tău și încurajează-i să-ți împărtășească și el/ea dorințele și nevoile sale în ceea ce privește reconstruirea relației. Înțelegerea reciprocă și comunicarea deschisă sunt cheia unei relații sănătoase și fericite.

Este important să rămâi pozitiv și deschis la schimbare și să fii dispus să depui efort pentru a lucra împreună cu partenerul tău pentru reconstruirea relației voastre. Întărirea legăturii voastre și consolidarea încrederii reciproce vor contribui la consolidarea relației și la întărirea legăturii voastre în timp.

Atunci când îți dorești ca o relație să fie reconstruită, este important să îți exprimi sincer și deschis dorințele și sentimentele.

În primul rând, ar trebui să îți analizezi motivele pentru care vrei să reconstruiești acea relație. Poate simți că există o conexiune puternică între tine și persoana respectivă, sau poate crezi că relația voastră are potențialul de a fi mai profundă și mai armonioasă. Este important să îți clarifici aceste motive înainte de a aborda subiectul cu celălalt.

Odată ce ți-ai conturat dorințele, poți alege să îți exprimi sentimentele într-un mod empatic și non-confruntativ. Poți începe, de exemplu, prin a spune că îți pasă de relația voastră și că îți dorești să o reconstruiți într-un mod sănătos și echilibrat. Poți vorbi, de asemenea, despre aspectele pe care le-ai apreciat în trecut în relația voastră și despre modul în care vrei să le reînviezi sau să le întărești.

De asemenea, este important să fii deschis la feedback și să asculți cu atenție opiniile și dorințele celuilalt. Comunicarea și transparența sunt cheia în reconstruirea unei relații, așa că ar trebui să încerci să îți exprimi dorințele într-un mod echilibrat și să accepți și perspectivele celuilalt.

Este important să ai răbdare și să fii pregătit să lucrezi împreună cu celălalt pentru a reconstrui relația.

Poate fi un proces dificil și uneori tensionat, dar cu comunicare deschisă, empatie și compromisuri din ambele părți, puteți construi o relație mai puternică și mai sănătoasă decât înainte.

- Deschiderea către comunicare și exprimarea sinceră a sentimentelor.Spune-i partenerului că îți dorești să discutați deschis despre problemele din relație și să împărtășiți cu sinceritate ceea ce simțiți unul față de celălalt.

- Manifestarea interesului pentru nevoile și dorințele partenerului.Arată-i că ești dispus să îi acorzi atenția necesară și să îți implici activ în îndeplinirea nevoilor și dorințelor lui.

- Asumarea responsabilității pentru greșelile din trecut și dorința de a face lucrurile bine de acum înainte: Recunoaște-ți greșelile din trecut și arată-i că ești dispus să înveți din ele și să te implici în reconstruirea relației.

- Demonstrarea empatiei și a înțelegerii față de sentimentele și perspectivele partenerului: Încearcă să te pui în pielea lui și să îți arăți empatia față de ceea ce simte și gândește.

- Crearea unui mediu de siguranță și încredere în care să vă puteți exprima liber.Asigură-l pe partener că poți fi un spațiu sigur pentru el și că ești deschis să îl asculți și să îl susții.

- Angajamentul pentru îmbunătățirea relației și pentru construirea unui viitor mai bun împreună. Spune-i partenerului că ești dispus să faci tot ce îți stă în putință pentru a construi o relație mai sănătoasă și pentru a vă construi un viitor frumos împreună.

- Planificarea activităților și strategiilor comune pentru a lucra împreună la reconstruirea relației. Stabiliți împreună obiectivele și pașii pe care urmează să îi parcurgeți pentru a remedia problemele și a reconstrui relația.

- Manifestarea recunoștinței și aprecierii pentru partener și pentru ceea ce aduce în relație.Nu uita să îți arăți recunoștința pentru partener și pentru tot ceea ce face în relație. Aprecierea și recunoștința sunt elemente importante în reconstruirea unei relații.

Va propun 10 exercitii practice pentru a amplifica comunicarea sinceră in relatii.

1. Practica ascultarea activă.
Demonstrează interesul autentic pentru ceea ce celălalt spune, fără a întrerupe sau a prelua controlul conversației.
Exemplu: "Îmi pare rău că ai avut o zi stresantă. Spune-mi mai multe despre ce s-a întâmplat."

2. Folosește întrebări deschise .
Acest tip de întrebări îi permite celuilalt să își exprime gândurile și sentimentele în detaliu.
Exemplu: "Cum te-ai simțit când s-a întâmplat acel lucru?"

3. Evită judecățile și critica.
Concentrează-te pe exprimarea propriilor sentimente și nevoi fără a critica sau judeca.
Exemplu: "Mă simt neînțeles/ă și frustrat/ă când te pierzi în timp ce vorbim."

4. Fii deschis și empatic.
Arată-ți vulnerabilitatea și fii deschis la nevoile și sentimentele celuilalt.
Exemplu: "Mă simt singur/ă și îngrijorat/ă când nu petrecem destul timp împreună."

5. Evită comunicarea agresivă sau pasiv-agresivă. Înlocuiește tonul răutăcios sau ironia cu comunicare directă și empatică.
Exemplu: "Aprecierea ta pentru mine este importantă și mă simt rănit/ă când ești critic/ă."

6. Folosește feedback constructiv.
Oferă și primește feedback într-un mod constructiv și empatic pentru a îmbunătăți comunicarea în cuplu.
Exemplu: "Apreci ideile tale, dar cred că am avea o comunicare mai bună dacă am fi mai atenți unul la celălalt."

7. Fii consistent și transparent.
Menține-ți promisiunile și exprimă-ți gândurile și sentimentele într-un mod deschis și onest.
Exemplu: "Mă simt confuz/ă când spui că ești de acord, dar apoi acționezi în alt mod."

8. Recunoaște și apreciază.
Exprimă recunoștința și aprecierea față de partener pentru contribuțiile și eforturile sale în relație.
Exemplu: "Apreci foarte mult modul în care mă susții și îmi acorzi sprijinul de care am nevoie."

9. Rezolvă conflictele în mod constructiv.
Găsiți o modalitate de a rezolva neînțelegerile și

conflictele printr-o comunicare deschisă și respectuoasă.

Exemplu: "Simt că suntem în impas și aș vrea să găsim o soluție care să ne mulțumească amândoi."

10. Investește în dezvoltarea relației.

Fă eforturi constante pentru a menține o comunicare deschisă și sinceră în relație, investind în comunicarea și lucrând împreună pentru a vă îmbunătăți legătura.

Exemplu: "Vreau să facem un efort de a comunica mai bine și de a ne înțelege mai bine unul pe celălalt."

"Comunicarea sinceră este piatra de temelie a oricărei relații sănătoase și durabile." - Confucius

Capitolul 4: Acceptarea și iertarea.

- Cum să fii deschis la a accepta greșelile tale și ale celuilalt.

- Procesul de iertare și eliberare a resentimentelor pentru a putea merge mai departe.

*Acceptarea și iertarea sunt două aspecte esențiale ale procesului de vindecare și eliberare emotională. Acestea sunt două concepte interconectate care pot aduce pace și echilibru în viața noastră.

Acceptarea se referă la capacitatea noastră de a recunoaște și de a fi de acord cu realitatea unei situații sau a unei persoane, fără a încerca să o schimbăm sau să o negăm. Este important să învățăm să acceptăm lucrurile pe care nu le putem schimba și să ne adaptăm în consecință. Acceptarea ne ajută să renunțăm la lupta constantă împotriva a ceea ce este și să ne îndreptăm atenția către ceea ce putem controla.

*Iertarea, pe de altă parte, este un act de eliberare a resentimentelor, furiei sau dorinței de răzbunare față de una sau mai multe persoane care ne-au rănit sau ne-au nedreptățit în trecut. Iertarea nu înseamnă să justificăm sau să uităm ceea ce ni s-a întâmplat, ci să ne eliberăm de povara negativității și să ne permitem să mergem mai departe cu inima deschisă.

Combinate, acceptarea și iertarea ne pot ajuta să ne eliberăm de trecut și să ne concentrăm asupra prezentului și a viitorului.

„Durerea este inevitabilă, suferința este opțională”.

Prin practicarea acceptării și iertării, putem renunța la suferință și să ne bucurăm de pace interioară și armonie în viețile noastre.

Acceptarea și iertarea sunt două aspecte importante în orice relație, fie că este vorba de familie, prieteni sau parteneri romantici. Acestea sunt componente esențiale pentru menținerea unei legături sănătoase și durabile între două sau mai multe persoane. Acceptarea înseamnă să accepți persoana așa cum este, cu toate calitățile și defectele sale. Este important să-ți accepți partenerul așa cum este și să nu încerci să-l schimbi sau să-l faci să fie altfel decât este. Prin acceptare, îți arăți respectul și înțelegerea față de celălalt și îți asumi responsabilitatea pentru relația voastră.

Iertarea este un alt aspect crucial într-o relație și constă în capacitatea de a lăsa în urmă greșelile și rănile trecutului. Este important să fii capabil să ierți greșelile celuilalt și să mergi mai departe, fără a le aduce mereu în discuție.

Iertarea este un act de generozitate și de dragoste față de partenerul tău și te ajută să construiești o relație mai puternică și mai solidă.

Într-o relație sănătoasă, acceptarea și iertarea merg mână în mână și se completează reciproc. Prin acceptarea celuilalt așa cum este și prin iertarea greșelilor din trecut, puteți construi o legătură profundă și autentică, bazată pe respect și încredere reciprocă. Este important să înveți să accepți și să ierți, nu doar pentru binele relației tale, ci și pentru propria ta dezvoltare și fericire.

Acceptarea în relații reprezintă capacitatea de a accepta și de a îmbrățișa pe deplin persoana cu care ne aflăm într-o relație, cu toate calitățile și defectele sale. Este un aspect extrem de important în construirea și menținerea unei relații sănătoase și armonioase.

Atunci când acceptăm pe cineva așa cum este cu adevărat, fără să încercăm să-l schimbăm sau să-l influențăm în mod negativ, transmitem un semnal puternic de iubire și înțelegere. Acceptarea implică înțelegerea faptului că fiecare persoană este unică și are propriile trăsături și experiențe care o definesc.

De asemenea, acceptarea în relații presupune și capacitatea de a gestiona și de a accepta diferențele și neînțelegerile care pot apărea într-un cuplu sau într-o relație de orice fel. Este important să fim deschiși la dialog și comunicare pentru a putea rezolva eventualele conflicte sau divergențe într-un mod respectuos și empatic.

În plus, acceptarea ne ajută să ne concentrăm asupra lucrurilor pozitive și să valorizăm calitățile pe care partenerul le are, în loc să ne concentrăm excesiv pe defecte sau pe aspectele care ne deranjează. Această atitudine pozitivă și empatică poate contribui la consolidarea legăturii emoționale și la intensificarea sentimentelor de iubire și conectare într-o relație.

Acceptarea în relații este un aspect esențial pentru o conviețuire armonioasă și fericită. Prin acceptarea reciprocă, putem construi relații sănătoase, bazate pe încredere, respect și iubire necondiționată.

Acceptarea în relații este un aspect extrem de important, care poate afecta în mod semnificativ stabilitatea și fericirea întregii relații. Este esențial ca fiecare partener să fie dispus să accepte și să respecte diferențele celuilalt, să își asume responsabilitatea pentru propriile acțiuni și să își recunoască și să își corecteze greșelile.

Un exemplu de acceptare în relație ar fi atunci când unul dintre parteneri are interese sau hobby-uri diferite de celălalt.

Este important ca fiecare să își permită celuilalt să aibă acest spațiu personal și să încurajeze pasiunile și interesele lui, chiar dacă nu sunt aceleași cu ale lor.

De asemenea, acceptarea poate fi folosită în soluționarea conflictelor într-un mod constructiv. În loc să încerce să schimbe sau să controleze comportamentul partenerului, este mai benefic să încerci să îl înțelegi și să găsești împreună o soluție care să satisfacă ambele părți.În plus, este esențial să îți accepți partenerul așa cum este, cu toate calitățile și defectele lui. Nu poți schimba pe cineva în mod fundamental, așa că este mai bine să îl iubești și să îl accepți așa cum este, și să îl susții în drumul său către îmbunătățire și dezvoltare personală.

Acceptarea în relații este un element cheie pentru o relație sănătoasă și fericită. Este important să îți asumi responsabilitatea pentru propriile acțiuni, să îți accepți partenerul așa cum este și să îți oferiți sprijin reciproc în vederea creșterii și dezvoltării personale.

Iertarea este un aspect foarte important într-o relație și poate fi un proces dificil și complicat pentru mulți oameni. Este esențial să înțelegem că nimeni nu este perfect și că greșelile și conflictele pot apărea în orice relație. De aceea, iertarea joacă un rol crucial în menținerea unei legături sănătoase și armonioase.

Iertarea în relații implică acceptarea greșelilor și a ranilor provocate de celălalt, dar și capacitatea de a trece peste acestea și de a merge mai departe împreună. Este un proces care necesită multă maturitate și înțelegere din partea ambilor parteneri, dar care poate aduce beneficii semnificative în relație.

Atunci când iertăm, ne eliberăm de resentimente și furie, deschizându-ne inimile către sentimente pozitive precum compasiunea, înțelegerea și iubirea. Iertarea ne poate ajuta să reconstruim încrederea în celălalt și să ne întărim legătura cu partenerul nostru.

Totuși, este important să nu confundăm iertarea cu acceptarea abuzului sau a comportamentului toxic în relație. Iertarea nu înseamnă că trebuie să tolerăm sau să ignorăm comportamentele dăunătoare sau nepotrivite. În anumite situații, este necesar să ne punem limite și să ne protejăm propriile interese și bunăstarea.

Iertarea în relații este esențială pentru menținerea unei legături sănătoase și armonioase. Înțelegerea, comunicarea și obiectivele comune pot fi cheia pentru a depăși conflictele și a construi o relație puternică și fericită.

Iertarea în relații este un aspect crucial pentru menținerea unei legături sănătoase și armonioase între două persoane. Este un proces prin care o persoană acceptă greșeala sau rănirea cauzată de cealaltă persoană și își exprimă disponibilitatea de a trece peste aceste aspecte și de a merge mai departe.

Iertarea presupune să renunțăm la resentimente, la dorința de a răzbuna sau de a pune la socoteală greșelile celuilalt. Este un act de compasiune și acceptare a faptului că nimeni nu este perfect și că toți facem greșeli. Iertarea nu înseamnă că trebuie să uităm ceea ce s-a întâmplat sau să trecem cu vederea comportamentele negative, ci mai degrabă înseamnă să ne eliberăm de povara supărării și să ne concentrăm pe reconstruirea relației.

Atunci când iertăm, nu facem acest lucru pentru cealaltă persoană, ci pentru noi înșine. Iertarea ne ajută să ne vindecăm rănile emoționale și să ne eliberăm de tensiuni și conflicte interioare. Ne permite să ne concentrăm pe aspectele pozitive ale relației și să construim o bază solidă pentru viitor.Desigur, iertarea poate fi un proces dificil și uneori poate dura mai mult timp să trecem peste anumite greșeli sau răniri. Este important să vorbim deschis cu partenerul nostru despre resentimentele noastre și să lucrăm împreună pentru a găsi o soluție pentru a depăși obstacolele în calea iertării.

Iertarea în relații este un act de curaj și de generozitate care poate întări conexiunea și încrederea dintre doi oameni. Este o investiție în sănătatea emoțională și în fericirea noastră pe termen lung.

Acceptarea greșelilor este un aspect important în relațiile interpersonale, întrucât ne permite să ne dezvoltăm și să creștem împreună. Este important să fii deschis și receptiv la greșelile tale și ale celuilalt, pentru a putea învăța din ele și pentru a evita repetarea lor în viitor.Pentru a fi deschis la a accepta greșelile tale, este important să fii conștient de ele și să recunoști atunci când ai greșit. Recunoașterea greșelilor tale este primul pas către soluționarea lor și evitarea repetării lor în viitor. De asemenea, este important să fii dispus să îți asumi răspunderea pentru acțiunile tale, fără să te justifici sau să încerci să găsești scuze.

Pe de altă parte, este la fel de important să fii deschis la a accepta greșelile celuilalt. Este important să nu fii judecător și să încerci să înțelegi motivul din spatele greșelii celuilalt. Comunicarea deschisă și sinceră este esențială în acest proces, pentru a ajuta la rezolvarea conflictelor și la îmbunătățirea relațiilor.

Acceptarea greșelilor, atât ale tale, cât și ale celuilalt, poate fi un proces dificil și uneori dureros, dar este esențial pentru a ne dezvolta și a crește atât pe plan personal, cât și în relațiile noastre interpersonale. Este important să fim deschiși și să învățăm din greșeli, pentru a deveni mai buni și mai înțelepți.

Acceptarea greșelilor reprezintă un proces dificil pentru mulți dintre noi. Este adesea mai ușor să ne justificăm acțiunile și să aruncăm vina pe ceilalți decât să ne recunoaștem propriile greșeli. Cu toate acestea, este important să fim deschiși să recunoaștem când am greșit și să învățăm din acele erori.

Pentru a fi deschiși la a accepta greșelile noastre, primul pas este să ne autoanalizăm în mod sincer. Trebuie să fim capabili să ne analizăm acțiunile și să recunoaștem când am făcut ceva greșit. Este important să nu ne ascundem sau să ne negăm responsabilitatea pentru acțiunile noastre, ci să fim sinceri cu noi înșine.De asemenea, este important să fim deschiși și să acceptăm greșelile celorlalți. Chiar dacă nu suntem de acord cu acțiunile sau cuvintele lor, trebuie să fim receptivi la posibilitatea că s-au putut înșela. Trebuie să fim dispuși să ascultăm punctul lor de vedere și să fim empatici față de sentimentele lor.

Un alt aspect important în acceptarea greșelilor este să ne cerem scuze atunci când este necesar. Nu este ușor să recunoaștem că am greșit și să ne cerem scuze, dar este un pas important în procesul de învățare și creștere personală. Cererea de scuze arată că suntem umili și că ne asumăm responsabilitatea pentru acțiunile noastre.

Este important să învățăm din greșelile noastre și să ne străduim să nu le repetăm în viitor. Fiecare greșeală este o oportunitate de creștere și învățare, iar acceptarea lor ne ajută să devenim mai buni și mai înțelepți. Încheierea textului cu o idee încurajatoare.

- Recunoașterea greșelilor personale.

Primul pas în a fi deschis la a accepta greșelile tale este să fii sincer cu tine însuți și să recunoști că ai greșit. Poate ai făcut o greșeală la locul de muncă sau în relația ta cu cineva. Este important să nu te ascunzi sau să negi aceste greșeli, ci să le recunoști și să îți asumi responsabilitatea pentru ele.

- Învățarea din greșeli.

Odată ce recunoști greșelile tale, este important să înveți din ele. Analizează ce anume s-a întâmplat, ce ai făcut greșit și ce poți face pentru a evita aceeași greșeală în viitor. A fi deschis la a învăța din greșeli înseamnă să fii dispus să te schimbi și să te îmbunătățești pe viitor.

- Comunicarea deschisă.

Pentru a fi deschis la a accepta greșelile celuilalt, este

important să ai o comunicare deschisă și sinceră. Ascultă cu atenție ce are de spus celălalt și încearcă să înțelegi perspectiva lui. Nu te apăra sau nu încerca să dai vina pe altcineva, ci fii dispus să ai o discuție constructivă despre greșeală și cum puteți rezolva situația împreună.

• Rezolvarea conflictelor.

Atunci când celălalt recunoaște o greșeală, fii deschis la a rezolva conflictul într-un mod pașnic și constructiv. Evită să insulți sau să critici, ci încearcă să găsești o soluție care să aibă un impact pozitiv pentru ambele părți.

• Împăcare și iertare.

Odată ce greșelile au fost recunoscute și soluționate, este important să fii deschis la a ierta și a merge mai departe. Fii dispus să împaci și să uiți greșelile trecutului și să construiești o relație mai puternică și mai înțelegătoare.

• Acceptarea că nimeni nu este perfect.

Fii deschis la a accepta faptul că nimeni nu este perfect și că fiecare persoană poate face greșeli. Nu te aștepta să fii impecabil sau să ai așteptări nerealiste de la ceilalți. Acceptă că greșelile sunt o parte naturală a vieții și că important este să înveți din ele.

- Empatia și înțelegerea.

Înainte de a judeca sau de a critica pe cineva pentru greșelile lui, fii deschis la a încerca să îți pui în locul lui. Încearcă să înțelegi de ce a făcut acea greșeală și care au fost circumstanțele care au dus la acea situație. Fii empatic și încearcă să găsești soluții împreună.

- Cultivarea unei atitudini pozitive.

Pentru a fi deschis la a accepta greșelile, este important să ai o atitudine pozitivă și să fii dornic să te schimbi și să te dezvolți. Fii deschis la a primi feedback constructiv și să îți asumi responsabilitatea pentru greșelile tale, cu gândul că ele sunt oportunități de creștere și învățare.

Iertarea și eliberarea de resentimente sunt două aspecte esențiale în procesul de vindecare a relațiilor și a propriei noastre sănătăți mentale și emoționale.

Iertarea presupune recunoașterea și acceptarea faptului că o anumită persoană sau situație ne-a rănit și alegerea de a ne elibera de furie și resentimente asociate acelei experiențe. Este un proces care necesită maturitate și putere interioară, deoarece implică să te desprinzi de dorința de răzbunare și de nevoia de a fi în permanență în răul celui care ți-a făcut rău.

Eliberarea de resentimente este un pas important după iertare. Este nevoie să ne permitem să simțim toate emoțiile asociate cu acea experiență, să le recunoaștem și să le eliberăm. Nu putem să uităm ceea ce ni s-a întâmplat, dar putem să nu mai lăsăm acele emoții negative să ne controleze viața. Prin acceptarea și eliberarea acestor resentimente, putem să ne eliberăm de povara trecutului și să ne deschidem inimile pentru a primi iubire și fericire în prezent.

Procesul de iertare și eliberare de resentimente este unul personal și diferit pentru fiecare persoană. Poate dura mult timp și poate implica eforturi constante, dar rezultatele sunt cu adevărat benefice pentru starea noastră de bine și pentru relațiile noastre. Iertarea ne eliberează de povara trecutului și ne permite să mergem mai departe cu inimile deschise și cu mintea limpede.

Iertarea este un proces esențial în orice relație, fie că vorbim despre prieteni, familie sau parteneri romantici. Este un act de compasiune și înțelegere care ne permite să trecem peste greșelile sau rănile din trecut și să ne concentrăm pe construirea unei relații mai puternice și mai sănătoase.

Procesul de iertare poate fi dificil și dureros, mai ales atunci când cineva ne-a rănit profund sau ne-a trădat în vreun fel.

Este important să începem prin a identifica și a recunoaște emoțiile noastre, precum furia, tristețea sau resentimentul, pentru a putea să le gestionăm și să le eliberăm.

Apoi, este crucial să acceptăm că nimeni nu este perfect și că toți facem greșeli. Este important să ne punem în locul celuilalt și să încercăm să înțelegem ce a condus la acțiunile lor. În această etapă, puteți face pași mici pentru a reconstrui încrederea și a clarifica nevoile și așteptările fiecăruia.

Iertarea este un act de eliberare și de renunțare la răzbunare sau dorința de a pedepsi pe cineva pentru răul făcut. Este important să ne amintim că iertarea nu înseamnă să uităm sau să minimizăm rănile noastre, ci să le acceptăm și să le vindecăm, pentru a putea merge mai departe și pentru a construi relații mai sănătoase și mai frumoase.

Într-o lume în care conflictele și divergențele sunt inevitabile, iertarea este unul dintre cele mai puternice instrumente pe care le avem la dispoziție pentru a ne îmbunătăți relațiile și a ne elibera de povara trecutului. În final, iertarea este un act de generozitate și de iubire de sine, care ne permite să ne vindecăm și să continuăm să creștem și să ne dezvoltăm în relațiile noastre.

Iertarea este un proces dificil și uneori dureros, dar esențial pentru a putea merge mai departe în relații. Acest proces implică să alungi sentimentele de resentiment și furie pe care le-ai putea simți față de persoana care ți-a greșit sau te-a rănit.Pentru a putea ierta cu adevărat, trebuie să îți confrunți sentimentele și să le accepți. Este important să îți exprimi durerea și supărarea, să îi confrunți pe cei care te-au rănit și să îți exprimi nevoile și limitele. Acest lucru te va ajuta să îți eliberezi inima și să începi procesul de vindecare.

De asemenea, iertarea nu înseamnă că trebuie să uiți despre ce s-a întâmplat sau să îți minimizezi sentimentele. Este important să îți accepți și să îți onorezi durerea, dar să nu îți permiți să îți definească întreaga viață.

Te eliberează de povara urii și te ajută să îți reconstruiești încrederea și relațiile. Este un proces care necesită timp și efort, dar cu răbdare și înțelegere poți să îți vindeci rănile și să mergi mai departe în relații cu inima deschisă și cu o minte liberă de resentimente.

Resentimentele sunt acele sentimente negative persistente de disconfort, furie sau amar care sunt adesea cauzate de vechi rani emotionale, nedreptati percepute sau de supresie a unor emotii. Acestea pot deveni o povara grea si pot afecta relatiile, sanatatea emotionala si bunastarea noastra generala.

De aceea, procesul de eliberare a resentimentelor este crucial pentru a ne permite sa mergem inainte si sa ne eliberam de aceste emotii toxice.

*Primul pas in acest proces este sa constientizam si sa recunoastem resentimentele pe care le purtam in noi. Este important sa ne dam seama de efectele pe care acestea le au asupra noastra si asupra vietii noastre.

*Urmatorul pas este sa ne permitem sa simtim toate emotiile asociate cu resentimentele. Este important sa le acceptam si sa le eliberam, fara sa le reprinim sau sa le negam. Putem face acest lucru prin exprimarea lor intr-un mod sanatos - vorbind cu cineva de incredere, scriindu-le intr-un jurnal sau practicand tehnici de relaxare sau meditatie.

*Un alt pas important in procesul de eliberare a resentimentelor este practicarea iertarii. A ierta nu inseamna sa justificam actiunile celor care ne-au ranit sau sa uitam ce s-a intamplat, ci inseamna sa ne eliberam de povara resentimentelor si sa ne permitem sa mergem inainte. Iertarea este un act de mila fata de noi insine si ne permite sa ne vindecam de trecut.

Procesul de eliberare a resentimentelor poate fi dificil si poate dura timp, dar este esential pentru a ne elibera de povara emotiilor negative si pentru a ne permite sa traim o viata mai sanatoasa si mai fericita. Este important sa fim rabdatori cu noi insine si sa ne acordam timpul si spatiul necesare pentru a ne permite sa vindecam si sa ne eliberam.

Resentimentele sunt sentimente puternice de nemulțumire, frustrare sau furie pe care le purtăm în interiorul nostru în legătură cu anumite situații sau persoane. Ele pot apărea într-o relație din cauza unor neînțelegeri, a unor conflicte nerezolvate sau a unor dureri vechi care nu au fost vindecate.Pentru a putea merge mai departe în relație și a nu lăsa resentimentele să distrugă legătura dintre noi și persoana cu care avem probleme, este important să le eliberăm și să le gestionăm în mod adecvat.

Iată câteva pași pentru a face acest lucru:

- Identifică resentimentele.

Începe prin a-ți identifica și a-ți recunoaște sentimentele de nemulțumire sau furie. Ce anume te-a rănit sau te-a supărat în relație? Ce emoții puternice simți atunci când te gândești la acea situație sau persoană?

- Comunică deschis.

Odată ce ai identificat resentimentele, este important

să comunici deschis și sincer cu persoana în cauză. Spune-i cum te-ai simțit în legătură cu anumite evenimente sau comportamente și cum acestea au afectat relația voastră.

De exemplu, poți spune: "Mă simt rănită când nu ești atent/ă la nevoile mele și simt că nu ești pe aceeași lungime de undă cu mine."

- Înțelege motivele resentimentelor.

Încearcă să îți înțelegi mai bine motivele resentimentelor tale. De ce te-ai simțit rănit sau supărat în acea situație? Ce a contribuit la apariția sentimentelor tale negative?

- Iartă și lasă să plece.

Odată ce ai comunicat deschis și ai înțeles mai bine motivele resentimentelor tale, încearcă să practici iertarea și să lași să plece sentimentele negative. Fii conștient că iertarea nu înseamnă că ceea ce s-a întâmplat a fost corect sau acceptabil, ci că ești dispus/ă să lași în urmă durerea și furia pentru a te putea elibera și a merge mai departe.

De exemplu, poți spune: "Îți iert comportamentul trecut și aleg să las în urmă resentimentele pentru a putea construi o relație mai sănătoasă în viitor."

- Caută ajutor profesional.

Dacă simți că nu poți să faci față resentimentelor și conflictelor din relația ta, este important să cauți ajutor profesional. Un terapeut sau consilier poate să te ajute să înțelegi mai bine motivele resentimentelor tale și să găsești modalități de a le gestiona în mod sănătos.

Prin eliberarea resentimentelor și comunicarea deschisă și sinceră în relație, poți să îți vindeci rănile și să construiești o legătură mai puternică și mai sănătoasă cu persoana iubită. Este important să fii conștient/ă de propria ta starea emoțională și să acționezi în mod responsabil pentru a menține echilibrul și armonia în relația ta.

Iertarea este un proces dificil, dar extrem de important pentru a putea merge mai departe în viață fără a fi împovărați de resentimente și supărări. Este necesar să învățăm să ne eliberăm de povara pe care o purtăm în suflet, să acceptăm lucrurile așa cum sunt și să ne iertăm pe noi înșine pentru greșelile pe care le-am făcut.

Astfel, iertarea devine un act de eliberare și vindecare, care ne permite să mergem mai departe și să construim relații sănătoase și pline de iubire atât cu cei din jur, cât și cu noi înșine.

Vă propun 10 exercitii practice pentru acceptarea și iertarea in relatii.

1. Exercițiu de afirmare a iertării.
Alegeți o persoană care v-a supărat sau rănit în trecut și scrieți o scrisoare de iertare către aceasta. Exprimați-vă sentimentele și spuneți persoanei că o iertați pentru greșeala sau rănirea cauzată.
De exemplu, dacă un prieten v-a trădat în trecut, puteți scrie o scrisoare de iertare prin care îi transmiteți că puteți lăsa în urmă acest incident și continuați să construiți o relație sănătoasă.

2. Exercițiul de a privi dintr-o altă perspectivă.
Încercați să vă puneți în locul celuilalt și să vedeți situația din punctul său de vedere.
De exemplu, dacă partenerul dvs. a acționat pe impuls și v-a rănit, încercați să înțelegeți ce l-a determinat să facă aceasta și ce sentimente sau traume poate avea el care să îl împiedice să fie empatic sau să se comporte corect.

3. Exercițiul de conștientizare a emoțiilor.
Identificați și recunoașteți emoțiile pe care le simțiți în legătură cu o situație în care trebuie să iertați sau să acceptați. Faceți acest lucru pentru a vă conecta cu sinele vostru interior și pentru a înțelege natura emoțiilor voastre.

De exemplu, poate simțiți furie sau tristețe față de o persoană care v-a rănit și recunoașterea acestor emoții vă poate ajuta să găsiți o cale de iertare și acceptare.

4. Exercițiul de introspecție.
Reflectați asupra propriilor greșeli sau comportamente care au contribuit la situația în care trebuie să iertați sau să acceptați. Recunoașterea propriei vinovății poate facilita procesul de iertare și acceptare, deoarece vă ajută să vă asumați responsabilitatea pentru partea voastră în situație.

5. Exercițiul de comunicare empatică.
Practicați o comunicare deschisă și empatică cu cealaltă persoană implicată în situație. Exprimați-vă sentimentele și ascultați și înțelegeți perspectiva celuilalt.
De exemplu, puteți încerca să discutați de împrejurările care au condus la conflicte și să explorați modalități de a vă îmbunătăți relația.

6. Exercițiul de vizualizare a iertării.
Închideți ochii și vizualizați-vă în timp ce iertați și eliberați sentimentele negative pe care le aveți față de o persoană sau situație. Vizualizarea acestei acțiuni poate facilita procesul de iertare și vă poate ajuta să vă eliberați de rancună și resentimente.

7. Exercițiul de exprimare a recunoștinței.
Reflectați asupra lucrurilor pozitive pe care le-ați
învățat dintr-o situație în care ați fost rănit și apoi ați
iertat sau acceptat. Exprimați recunoștința pentru
aceste lecții și pentru oportunitatea de a crește și de a
vă dezvolta personal.

8. Exercițiul de practicare a compasiunii.
Demonstrarea compasiunii față de sine și față de
cealaltă persoană poate deschide calea către iertare și
acceptare. Încercați să vă gândiți la motivele care ar
putea fi în spatele acțiunilor celui care v-a rănit și
încercați să vă puneți în situația sa pentru a cultiva
empatie și iertare.

9. Exercițiul de a renunța la așteptări nerealiste.
Renunțarea la așteptările nerealiste și la idealizarea
relației sau persoanei care v-a rănit poate fi un pas
important în procesul de iertare și acceptare. În loc să
așteptați ca celălalt să se comporte exact așa cum vă
doriți, acceptați că fiecare persoană are limitele și
greșelile sale și că este important să îi acceptați așa
cum sunt.

10. Exercițiul de a pune în practică iertarea și
acceptarea.Punerea în practică a iertării și acceptării
poate implica căutarea de soluții constructive pentru
rezolvarea conflictelor și îmbunătățirea relației.

De exemplu, puteți stabili limite sănătoase pentru a evita recurența situațiilor care v-au rănit în trecut sau pentru a îmbunătăți comunicarea și înțelegerea reciprocă în relație.

"Acceptarea este primul pas către eliberare; iertarea este drumul către pace și armonie în relații." - Confucius

Capitolul 5: Construirea încrederei în relație.

- Metode și strategii pentru reconstruirea încrederii în relație.

- Cum să te angajezi și să demonstrezi loialitate și responsabilitate în relație.

Încrederea este unul dintre cele mai importante aspecte într-o relație. Construirea și menținerea încrederii în partener este esențială pentru a avea o relație sănătoasă și armonioasă. Încrederea este fundamentul pe care se întemeiază orice legătură și fără aceasta, relația poate fi fragilă și să nu reziste în timp.

Pentru a construi încrederea într-o relație, este important să fii sincer și deschis cu partenerul tău. Comunicarea este cheia pentru a câștiga încrederea celuilalt și pentru a-i arăta că poți fi încrezător. Fii sincer în discuțiile cu partenerul și exprimă-ți sentimentele și gândurile fără a-ți ascunde adevărul. De asemenea, este important să fii consecvent în comportamentul tău și să îți păstrezi promisiunile. Dacă ai promis ceva, asigură-te că vei respecta acea promisiune pentru a-ți arăta partenerului că poți fi de încredere.În același timp, este important să fii empatic și să îți arăți sprijinul și înțelegerea față de partenerul tău.

Ascultă-l activ și arată-ți interesul pentru nevoile și dorințele lui. Când partenerul simte că ești acolo pentru el și îl susții, acest lucru îi va întări încrederea în tine și în relație.

De asemenea, este important să acorzi încredere partenerului tău și să îți înțelegi limitele personale. Nu trebuie să fii prea posesiv sau controlator, pentru că acest lucru poate distruge încrederea celuilalt. În schimb, arată-i partenerului că ai încredere în el și că îi permiți să aibă propriul spațiu și libertate.

Construirea încrederii într-o relație este un proces continuu care necesită efort și angajament din partea ambilor parteneri. Este important să îți arăți sprijinul și iubirea față de partenerul tău și să îți păstrezi promisiunile pentru a îți consolida încrederea reciprocă și a avea o relație sănătoasă și fericită.

Încrederea în relație este unul dintre cei mai importanți piloni ai unei legături sănătoase și durabile. Pentru a construi încrederea în relație, există câțiva pași esențiali care pot fi urmați:

- Comunicare deschisă și sinceră.

Comunicarea este cheia în orice relație și este important să fii sincer și deschis cu partenerul tău. Vorbiți despre sentimentele, gândurile și nevoile voastre în mod clar și onest.

- Respect reciproc.

Respectul este fundamental în construirea încrederii în relație. Arată-i partenerului tău că îți pasă de nevoile și dorințele lor și fii atent la sentimentele lor.

- Fiți consecvenți în acțiuni și cuvinte.

Fiind consecvenți în comportamentul și cuvintele noastre, putem lăsa o impresie stabilă și de încredere în ochii partenerului nostru.

- Fii deschis și vulnerabil.

Poate fi intimidant să îți deschizi cu adevărat inima și să fii vulnerabil în fața cuiva, dar este important să arăți partenerului tău cine ești cu adevărat.

5. Fii un partener de încredere: Îndeplinește promisiunile făcute, fii acolo atunci când partenerul tău are nevoie de tine și demonstrează prin fapte că ești un partener de încredere.

- Iertare și acceptare.

Nu suntem perfecți și este inevitabil să facem greșeli în relație. Este important să iertăm și să ne acceptăm reciproc, să lucrăm împreună în direcția construirii încrederii.

O relație sănătoasă și durabilă merită toate eforturile și timpul investit în construirea încrederii în relație.

Încrederea este un element esențial în orice relație și este crucial să fie reconstruită atunci când a fost afectată sau deteriorată. Există anumite metode și strategii care pot fi utilizate pentru a reconstrui încrederea într-o relație, iar acestea pot fi adaptate în funcție de fiecare situație specifică.

Una dintre cele mai importante aspecte în reconstruirea încrederii în relație este comunicarea deschisă și sinceră. Este important ca ambele părți să fie dispuse să își exprime sentimentele, temerile și preocupările în mod clar și direct. Ascultarea atentă și înțelegerea punctelor de vedere ale partenerului sunt, de asemenea, cruciale pentru a restabili încrederea reciprocă.De asemenea, este important ca persoana care a pierdut încrederea să își asume responsabilitatea pentru acțiunile sale și să fie dispusă să facă schimbări și să își corecteze comportamentul în viitor. Demonstrarea unei conduite corecte și a unui angajament real pentru reconstruirea încrederii poate ajuta partenerii să înțeleagă că se pot baza unul pe celălalt în continuare.

Încercarea de a stabili din nou legături puternice și de a petrece timp de calitate împreună poate, de asemenea, contribui la reconstruirea încrederii în relație. Crearea de amintiri pozitive și construirea de noi momente plăcute împreună poate ajuta la consolidarea legăturii dintre parteneri și la restabilirea încrederii.

Este important să nu uităm faptul că reconstruirea încrederii într-o relație poate dura timp și efort, iar rezultatele nu vor fi întotdeauna imediate. Este important să aveți răbdare și să fiți deschiși la schimbare și la creșterea personală pentru a putea reconstrui una dintre cele mai importante elemente ale unei relații sănătoase - încrederea reciprocă.

Există diverse metode și strategii care pot ajuta în reconstruirea încrederii în relație, iar în continuare vă voi prezenta câteva dintre ele.

*Comunicarea deschisă și sinceră.
Este esențial să vorbiți deschis și sincer despre problemele și temerile voastre în relație. Să vă exprimați gândurile și sentimentele în mod clar și să ascultați cu atenție ce are de spus și celălalt. Comunicarea este cheia pentru reconstruirea încrederii.

2. Învățarea din trecut: Înțelegerea cum și de ce încrederea a fost afectată în trecut poate ajuta la evitarea greșelilor din viitor. Identificarea cauzelor care au dus la pierderea încrederii și lucrul împreună pentru a le depăși poate consolida relația.

*Stabilirea limitelor și respectarea acestora.

Este important să stabiliți limite clare și să vă asigurați că acestea sunt respectate de ambii parteneri. A respecta limitele celuilalt este crucial pentru reconstruirea încrederii.

*Fiți consecvenți și previzibili.

Este important să vă mențineți cuvântul și să fiți consecvenți în comportamentul vostru. Când partenerul poate anticipa cum veți reacționa în anumite situații, acest lucru poate construi încrederea în relație.

*Lucrați împreună pentru a reconstrui încrederea: Reconstruirea încrederii este un proces de echipă și necesită efort din partea ambilor parteneri. Fiți deschiși să vă implicați în activități care să consolideze relația și să vă aducă mai aproape unul de celălalt.

Reconstruirea încrederii în relație poate fi un proces dificil și anevoios, însă este posibil cu răbdare, comunicare și efort comun. Fiecare relație este diferită, dar aplicarea acestor metode și strategii poate consolida încrederea între parteneri și poate aduce relația pe drumul cel bun.

Reconstruirea încrederii într-o relație poate fi un proces dificil și anevoios, dar este esențial pentru a menține sănătatea și prosperitatea unei relații. Când încrederea este afectată sau ruptă într-un cuplu, este important să se lucreze împreună pentru a o repara și a o reconstrui în mod sănătos.

Iată câteva metode și strategii care pot fi utile în acest proces:

+ Comunicarea deschisă și sinceră.
Este esențial să vorbiți deschis și sincer despre sentimentele și temerile voastre în legătură cu încrederea care a fost afectată. Ascultați-vă reciproc și încercați să înțelegeți punctele de vedere ale celuilalt.

+ Respectul reciproc.
Respectul este cheia în orice relație și este crucial în reconstruirea încrederii. Fiți atenți la nevoile și dorințele partenerului și manifestați respect față de ele.

+ Consistența și transparența.
Fiți consecvenți în acțiunile și cuvintele voastre și fiți transparenți în relație. A fi deschis și sincer va contribui la reconstruirea încrederii.

+ Psihoterapie de cuplu.
În unele cazuri, poate fi util să apelați la ajutorul unui terapeut specializat în terapia de cuplu pentru a vă ghida în procesul de reconstruire a încrederii.

+ Iertarea și învățarea din greșeli.
Învățați să iertați și să mergeți mai departe. Este important să învățăm din greșeli și să folosim aceste experiențe pentru a ne îmbunătăți relația.

Reconstruirea încrederii într-o relație poate fi o provocare, dar cu angajament, comunicare deschisă și sinceră și respect reciproc, este posibil să reparați încrederea și să construiți o relație mai puternică și mai sănătoasă.
Pierderea încrederii într-o relație poate fi unul dintre cele mai dificile obstacole de depășit. Reconstruirea încrederii presupune un efort comun din partea ambilor parteneri și poate dura mult timp. Cu toate acestea, există câteva strategii pe care le puteți folosi pentru a lucra împreună în reconstruirea încrederii în relație.
Primul pas în reconstruirea încrederii este să comunicați deschis și sincer despre problemele pe care le-ați avut în trecut și despre cum puteți lucra împreună pentru a le depăși.

Este important să fiți receptivi la gândurile și sentimentele partenerului și să arătați în mod sincer că sunteți dispus să faceți schimbări pentru a rezolva problemele din relație.

De asemenea, este esențial să vă demonstrați consecvența și integritatea în acțiunile și cuvintele voastre. Fiți consecvenți în comportamentul și acțiunile voastre, astfel încât partenerul să poată observa că sunteți dedicat reconstruirii încrederii în relație.

În plus, este important să acordați timp și atenție partenerului vostru și să fiți deschiși la feedback și la exprimarea nevoilor și dorințelor lor. Ascultarea activă și făcând eforturi pentru a satisface nevoile și dorințele partenerului vostru pot ajuta la reconstruirea încrederii în relație.

Desigur este important să vă amintiți că reconstruirea încrederii nu se va întâmpla peste noapte și poate fi un proces lung și dificil. Este important să aveți răbdare și să fiți dedicați în eforturile voastre de a lucra împreună pentru a depăși problemele din trecut și pentru a construi o relație mai puternică și mai sănătoasă.

Reconstruirea încrederii într-o relație poate fi un proces dificil, dar nu imposibil. Este esențial să abordați această situație cu răbdare, înțelegere și comunicare deschisă.

Iată câteva strategii care vă pot ajuta în acest sens:

+ Comunicare deschisă și sinceră.
În relații este important să comunici deschis și sincer cu partenerul tău pentru a rezolva divergențele și a clarifica neînțelegerile. De exemplu, dacă ai simțit că partenerul tău nu a fost sincer cu tine în trecut, poți să-i ceri să îți spună adevărul în orice situație și să fii dispus să faci același lucru.

+ Construirea încrederii prin acțiuni consistente. Pentru a reconstrui încrederea într-o relație, este important să demonstrezi că poți fi de încredere prin acțiuni consistente. De exemplu, poți să îți ții promisiunile și să fii consecvent în comportamentul tău în relație.

+ Lucrul asupra emoțiilor și alegerea iertării.
Pentru a reconstrui încrederea într-o relație, este important să îți gestionăm emoțiile și să fii dispus să ierți. De exemplu, dacă partenerul tău a comis o greșeală în trecut și tu ai ales să îi ierți, este important să faci o muncă internă pentru a elibera resentimentele și pentru a construi încrederea din nou.

+ Consiliere sau terapie de cuplu.

Dacă simțiți că nu puteți rezolva problemele de încredere în relație singuri, este important să căutați ajutor de specialitate. Un terapeut de cuplu vă poate ajuta să lucrați împreună pentru a reconstrui încrederea și pentru a consolida relația voastră.

+ Timp și răbdare.

Reconstruirea încrederii nu se întâmplă peste noapte, este un proces care necesită timp și răbdare. Este important să fii dispus să investești timp în relația ta și să fii răbdător în timp ce lucrezi pentru a construi încrederea din nou.

Atunci când te angajezi într-o relație, fie ea personală sau profesională, este important să îți demonstrezi loialitate și responsabilitate pentru a menține o legătură sănătoasă și de lungă durată.

În primul rând, pentru a demonstra loialitate într-o relație, este important să fii sincer și deschis cu partenerul tău. Este crucial să ai încredere reciprocă și să fii prezent atunci când celălalt are nevoie de sprijin. Este important să îți menții promisiunile și să acționezi în interesul comun al relației, în loc să te concentrezi doar pe propriile tale interese.

Pe de altă parte, responsabilitatea joacă un rol esențial în menținerea unei relații sănătoase. Este important să îți asumi responsabilitatea pentru acțiunile tale și să fii dispus să îți ceri scuze atunci când greșești. De asemenea, este crucial să îți îndeplinești promisiunile și să fii consecvent în comportamentul tău. Fiind responsabil, îți arăți partenerului că ești de încredere și că poți fi contat în orice situație.

Pentru a te angaja și a demonstra loialitate și responsabilitate într-o relație, este important să fii sincer, deschis și să îți asumi responsabilitatea pentru acțiunile tale. Prin comunicare deschisă, înțelegere reciprocă și respect față de partener, poți construi o legătură solidă și de lungă durată.

Pentru a te angaja și a demonstra responsabilitate într-o relație, este important să fii sincer și deschis în comunicare. Este esențial să îți exprimi gândurile, sentimentele și dorințele în mod clar și respectuos. A fi responsabil într-o relație înseamnă să îți asumi rolul pe care îl ai în aceasta și să îți respecti cuvântul.De asemenea, este important să fii prezent și implicat în relație. Fii atent la nevoile și dorințele partenerului tău și fă tot posibilul să îi oferi sprijin și susținere atunci când are nevoie. Demonstrează că ești un partener de încredere și că poți fi contar când lucrurile se complică.

O altă modalitate de a arăta responsabilitate într-o relație este să îți asumi greșelile și să îți ceri scuze atunci când greșești. Nu ezita să recunoști atunci când ai făcut ceva care a afectat negativ relația și să îți ceri iertare. Este important să fii deschis la dialog și să încerci să rezolvi problemele cât mai rapid și eficient posibil.În plus, este crucial să fii consecvent și să îți menții promisiunile în ceea ce privește relația. Demonstrează că ești un partener de încredere și că îți pasă de binele și fericirea partenerului tău. Fii deschis la compromisuri și colaborare și încearcă să lucrezi împreună pentru a construi o relație sănătoasă și fericită.

Pentru a te angaja și a demonstra responsabilitate într-o relație, fii sincer și deschis în comunicare, implicat și atent la nevoile partenerului tău, asumă-ți greșelile și rezolvă problemele cu maturitate, fii consecvent și menține-ți promisiunile. Prin urmare, vei putea construi o relație puternică și echilibrată, bazată pe încredere și respect reciproc.

Iată câteva moduri în care îți poți arăta angajamentul și responsabilitatea în relație:

- Fiind prezent și implicat.

Demonstrează că îți pasa de partenerul tău și de relație prin a fi prezent atât fizic, cât și emoțional. Fii atent la nevoile și dorințele partenerului tău și fă eforturi să îi oferi sprijin și susținere în toate aspectele vieții sale.

- Respectând promisiunile.

Dacă îți asumi anumite responsabilități sau promisiuni în relație, fii sigur că le respecți. Este important să fii consecvent și să îți ții cuvântul pentru a construi încrederea și respectul în relație.

- Comunicând deschis și sincer.

Comunicarea este cheia unei relații sănătoase și puternice. Fii sincer în comunicarea ta și exprimă-ți sentimentele și gândurile în mod deschis și respectuos. Ascultă cu atenție și arată empatie față de partenerul tău.

- Fiind responsabil financiar.

Demonstrează responsabilitate financiară în relație prin a gestiona banii în mod responsabil și transparent. Fii deschis în discuțiile despre finanțe și stabiliți împreună obiective și priorități financiare.

- Fiind consecvent și loial.

Fii consecvent în comportamentul tău și arată loialitate față de partenerul tău. Demonstrează că ești de încredere și că îți păstrezi cuvântul în orice situație.

Exemplu: Dacă îți propui să petreci mai mult timp cu partenerul tău în fiecare săptămână, stabilește un program sau o rutină pentru a face acest lucru și respectă aceste momente dedicate împreună.

Vă propun 10 exercitii practice pentru construirea încrederei în relație.

1. Comunicarea deschisă și sinceră - discutați cu partenerul despre sentimentele, temerile și nevoile voastre și ascultați-l cu atenție.
Exemplu: "Am simțit că m-ai ignorat când am încercat să-ți spun ce simt. Aș aprecia dacă ai fi mai atent în viitor."

2. Respect reciproc - tratați-vă cu respect și înțelegere, chiar și atunci când sunteți în dezacord.
Exemplu: "Chiar dacă suntem în dezacord, este important să ne tratăm cu respect reciproc și să ascultăm cu atenție opiniile celuilalt."

3. Transmiterea intimității și afecțiunii - arătați-vă în mod regulat aprecierea și dragostea față de partener, fie prin gesturi mici, fie prin cuvinte dulci.
Exemplu: "Mă simt iubit când îmi spui cât de mult mă apreciezi și cât de important sunt pentru tine."

4. Împărtășirea vulnerabilităților - fiți sinceri și deschiși cu partenerul despre fricile, îndoielile și neînțelegerile voastre pentru a construi o legătură mai profundă.

Exemplu: "Mă simt vulnerabil când nu primesc confirmarea ta și mi-ar plăcea să discutăm despre asta."

5. Încrederea în sine și asumarea responsabilității - aveți încredere în voi înșivă și fiți responsabili pentru acțiunile și deciziile pe care le luați în relație.
Exemplu: "Am convingerea că pot face față oricăror provocări în relația noastră și îmi asum responsabilitatea pentru comunicarea noastră."

6. Stabilirea limitelor și respectarea lor - stabiliți limite clare în relație și respectați-le reciproc pentru a vă simți în siguranță și respectați unul pe altul.
Exemplu: "Pentru mine este important să am spațiu personal și să avem o comunicare respectuoasă și sinceră, respectând limitele noastre individuale."

7. Lucrul în echipă - colaborați și sprijiniți-vă reciproc în atingerea obiectivelor, rezolvarea conflictelor și construirea unei relații sănătoase.
Exemplu: "Îmi place că putem lucra împreună ca o echipă pentru a depăși dificultățile și a crește împreună în relație."

8. Angajamentul și loialitatea - fiți stabili și loiali în relație, demonstrând că sunteți prezenți și implicați pe termen lung.

Exemplu: "Sunt angajat să muncesc constant la relația noastră și să fiu loial și devotat partenerului meu."

9. Rezolvarea conflictelor în mod constructiv - abordați conflictele și neînțelegerile în mod deschis, respectuos și constructiv pentru a găsi soluții care să vă apropie și să fortifice legătura voastră.
Exemplu: "Când apar neînțelegeri, îmi place să avem o discuție calmă și să găsim soluții care să ne ajute să ne întelegem mai bine unul pe celalalt."

10. Recunoașterea și aprecierea reciprocă - exprimați recunoștința și aprecierea față de partener pentru contribuțiile și calitățile sale, menționând cât de mult înseamnă pentru voi în relație.
Exemplu: "Sunt recunoscător pentru tot ceea ce faci pentru mine și pentru relația noastră. Aprecierea mea pentru tine este infinită

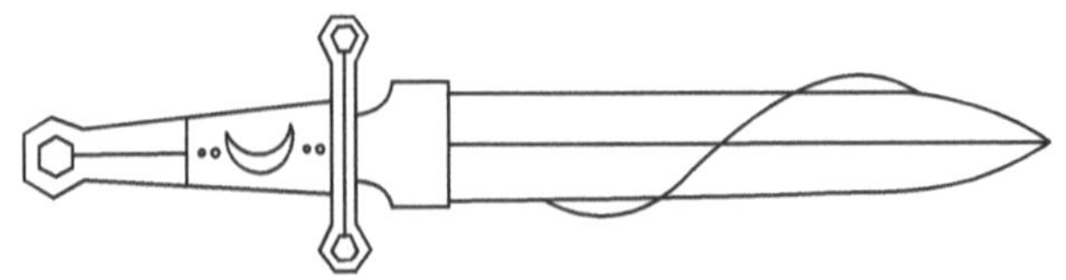

"Încrederea este ca un castel de nisip, ea trebuie construită cu răbdare și atenție, iar odată clădită, trebuie să fie îngrijită și menținută constant pentru a rezista la valurile necazurilor și temerilor." - Antoine de Saint-Exupery

Capitolul 6: Gestionarea conflictelor în relație.

- Cum să abordezi conflictele într-un mod constructiv și să găsești soluții pentru rezolvarea acestora.

- Importanța ascultării și empatiei în gestionarea conflictelor.

Relațiile sunt fundamentale pentru bunăstarea noastră emoțională și psihologică, dar ele pot aduce și conflicte care pot deteriora aceste legături. Gestionarea conflictelor în relație este esențială pentru menținerea sănătății și fericirii în cuplu.

În primul rând, este important să fim conștienți de natura conflictelor și de modul în care acestea pot apărea în relație. De multe ori, conflictele sunt rezultatul diferențelor de opinie, de valori sau nevoi, iar înțelegerea acestor aspecte poate ajuta la prevenirea lor sau la gestionarea lor eficientă în momentul în care apar.Comunicarea joacă un rol esențial în gestionarea conflictelor în relație. Este important să ne exprimăm cu sinceritate gândurile, sentimentele și nevoile noastre, dar și să fim deschiși în ascultarea partenerului nostru. Ascultarea activă și empatia sunt abilități cheie în comunicarea eficientă în cuplu.

De asemenea, în gestionarea conflictelor în relație este important să fim deschiși către compromis.

Este posibil ca amândoi partenerii să aibă puncte de vedere valabile și să fie important să găsim soluții care să fie acceptabile pentru ambele părți.

În cele din urmă, este important să ne concentrăm pe rezolvarea conflictelor într-un mod constructiv și respectuos. Evitarea reproșurilor, acuzelor sau criticilor distructive poate contribui la menținerea unei atmosfere pozitive în relație și la evitarea escaladării conflictelor.

Gestionarea conflictelor în relație necesită răbdare, empatie, comunicare deschisă și compromis. Prin abordarea conflictelor cu aceste abilități și atitudini pozitive, putem îmbunătăți relația noastră și construi legături mai puternice și mai sănătoase.

Conflictele în relație sunt inevitabile, deoarece fiecare persoană are propriile nevoi, dorințe și perspective asupra lucrurilor. Este important să învățăm cum să gestionăm aceste conflicte pentru a menține o relație sănătoasă și armonioasă.

Un prim pas important în gestionarea conflictelor în relație este comunicarea deschisă și sinceră. Este important să îți exprimi nevoile, dorințele și temerile în mod clar și calm, fără a folosi acuze sau critică. Ascultarea activă este la fel de importantă - trebuie să îți arăți partenerului că îl asculți cu atenție și că îți pasă de ceea ce simte și gândește.

Este important să fii deschis la compromisuri și să cauți soluții care să fie satisfăcătoare pentru ambele părți. În loc să încerci să ai întotdeauna dreptate, încearcă să vezi situația și prin ochii partenerului, iar apoi împreună să găsiți o soluție care să mulțumească pe amândoi.

De asemenea, este important să nu ignori sau să eviți conflictele, deoarece acestea pot escalada și pot duce la deteriorarea relației. Este mai bine să discuți deschis și sincer despre problemele pe care le ai, chiar dacă este incomod sau tensionat.

Un alt aspect important în gestionarea conflictelor în relație este învățarea să îți controlezi emoțiile și reacțiile în momentele de tensiune. Poate fi dificil să păstrezi calmul când ești supărat sau frustrat, dar este esențial să nu îți exteriorizezi aceste emoții într-un mod agresiv sau distructiv.

În cele din urmă, este crucial să îți reamintești că relațiile sănătoase nu înseamnă absența conflictelor, ci modul în care acestea sunt gestionate și rezolvate. Prin comunicare deschisă, ascultare activă, compromisuri și autocontrol, poți depăși conflictele în relația ta și poți construi o legătură mai puternică și mai armonioasă cu partenerul tău.

Gestionarea conflictelor în relație este extrem de importantă pentru menținerea unei relații sănătoase și fericite.

Iată câteva modalități prin care poți gestiona conflictele în relație:

1. Comunică deschis și sincer: Este important să poți discuta cu partenerul tău despre problemele care apar în relație fără teama de a fi judecat sau criticat. Fii deschis și sincer în comunicare și ascultă cu atenție ceea ce are de spus și partenerul tău.

Exemplu: Poate constatați că partenerul tău are o obișnuință care te deranjează. În loc să te enervezi sau să taci și să îți faci toate gândurile, poți discuta deschis cu el despre ce te deranjează și găsiți o soluție împreună.

2. Găsiți soluții pe care amândoi să le acceptați: În loc să căutați vinovați sau să încercați să aveți dreptate, concentrați-vă pe găsirea unor soluții care să mulțumească ambele părți.

Exemplu: Dacă aveți un conflict legat de bani și fiecare dintre voi are priorități diferite în ceea ce privește cheltuielile, puteți găsi un compromis prin stabilirea unui buget comun și prioritizarea cheltuielilor împreună.

3. Fii empatic: Înțelegerea punctului de vedere al partenerului tău este crucială pentru gestionarea conflictelor. Fii empatic și încercă să vezi situația din perspectiva sa pentru a găsi o soluție comună.

Exemplu: Dacă partenerul tău se simte neglijat sau nerecunoscut în relație, încercă să înțelegi de ce se simte astfel și găsiți împreună modalități de a remedia această situație.

4. Acceptă că uneori este ok să fie de acord să nu fii de acord: Nu toate conflictelor vor putea fi rezolvate pe deplin și este important să înveți să accepți disensiunile. Poți învăța cum să gestionezi aceste diferențe și să nu lași conflictele să afecteze relația în ansamblu.

Exemplu: Dacă aveți opțiuni diferite în ceea ce privește o anumită decizie, acceptă că nu trebuie să fiți de acord întotdeauna și că uneori este ok să fii de acord să nu fiți de acord. Important este să găsiți un echilibru și să respectați opiniile și alegerile fiecăruia.

Conflictul este inevitabil în orice relație sau mediu, iar modul în care acesta este abordat poate face diferența între escalare și rezolvare. Abordarea unui conflict într-un mod constructiv implică capacitatea de a gestiona emoțiile, de a comunica eficient și de a căuta soluții pentru rezolvare.

Primul pas în abordarea unui conflict în mod constructiv este să-ți recunoști propriile emoții și să-ți controlezi reacțiile impulsive. Este important să rămâi calm și să-ți păstrezi perspectiva în timp ce discuți cu cealaltă parte.

În timpul comunicării, este esențial să adopți o atitudine deschisă și să asculți cu atenție punctul de vedere al celuilalt. Este important să încerci să îți exprimi propriile sentimente și nevoi într-un mod clar și respectuos, fără a acuza sau judeca.

Pentru a găsi soluții constructive pentru rezolvarea conflictului, este util să te concentrezi pe interesele comune și să cauți modalități de a găsi un compromis sau soluție care să satisfacă pe ambele părți. Poți brainstorma împreună cu celălalt și să identifici opțiuni creative pentru a rezolva problema.

Este important să fii deschis la compromisuri și să fii dispus să fii flexibil în găsirea unei soluții. În final, este crucial să ajungi la un acord și să te asiguri că ambele părți sunt mulțumite de soluția găsită.

Abordarea unui conflict într-un mod constructiv necesită empatie, comunicare eficientă și capacitatea de a găsi soluții și compromisuri care să satisfacă pe ambele părți. Prin abordarea conflictelor într-un mod constructiv, putem îmbunătăți relațiile noastre, rezolva problemele și contribui la crearea unui mediu de lucru și de viață mai armonios.

Conflictele sunt o parte inevitabilă a vieții de zi cu zi, fie că este vorba de relații personale sau de mediul de lucru. Este important să învățăm cum să le abordăm într-un mod constructiv pentru a găsi soluții și a evita escaladarea lor.

Primul pas în abordarea unui conflict este să rămânem calmi și să ne concentrăm asupra situației, fără a acționa impulsiv sau a spune lucruri pe care le-am putea regreta ulterior. Este important să ascultăm cu atenție punctele de vedere ale celor implicați în conflict și să încercăm să înțelegem motivele din spatele acestora.

Comunicarea deschisă și sinceră este cheia în rezolvarea conflictelor.

Este important să exprimăm în mod clar ceea ce simțim și să fim deschiși la feedback-ul celorlalți. O abordare empatică poate ajuta la reducerea tensiunii și la găsirea unei soluții care să satisfacă toate părțile implicate.

În conflict, este important să evităm să vorbim în termeni de reproșuri și să ne concentrăm asupra faptelor și a comportamentelor specifice care au dus la apariția conflictului. Este util să lucrăm împreună pentru a identifica soluțiile posibile și pentru a găsi un compromis acceptabil pentru toți.

Este important să ne asigurăm că am învățat ceva din conflict și să ne străduim să evităm repetarea unor astfel de situații în viitor. Abordarea constructivă a conflictelor poate duce la consolidarea relațiilor și la îmbunătățirea comunicării între oameni.

Conflictele fac parte din viața noastră de zi cu zi și sunt inevitabile atunci când interacționăm cu alte persoane. Însă abordarea lor este crucială pentru a găsi soluții și a menține relațiile sănătoase.

Primul pas este să nu evităm conflictul, ci să îl abordăm cu sinceritate și deschidere. Este important să ascultăm cu atenție punctul de vedere al celuilalt și să încercăm să înțelegem motivul pentru care s-a ajuns la conflict. Comunicarea este cheia în rezolvarea conflictelor, astfel că este esențial să ne exprimăm cu calm și respect față de celălalt.

În același timp, trebuie să fim dispuși să facem compromisuri și să găsim soluții care să satisfacă ambele părți implicate în conflict. Este important să fim deschiși la idei noi și să căutăm soluții creative care să rezolve problema într-un mod eficient.Este crucial să ne asigurăm că conflictul este rezolvat în mod constructiv și că ambele părți sunt mulțumite de soluția găsită. Este important să ne asigurăm că relația noastră cu cealaltă persoană nu va fi afectată pe termen lung de conflictul în sine.

Abordarea conflictelor cu deschidere, sinceritate și respect poate duce la găsirea unor soluții eficiente și la menținerea relațiilor sănătoase. Este important să nu evităm conflictele, ci să le abordăm în mod constructiv pentru a găsi soluții care să satisfacă ambele părți implicate.

Abordarea conflictelor într-un mod constructiv este esențială pentru a menține o comunicare eficientă și pentru a ajunge la soluții care să satisfacă toate părțile implicate.

Iată câteva strategii pentru a gestiona conflictele în mod constructiv:

1. Comunicare deschisă și sinceră: începeți discuția cu o atitudine deschisă și ascultați cu atenție punctele de vedere ale celor implicați. Evitați judecățile și critica personală și concentrați-vă pe problemele reale.

2. Identificarea cauzelor conflictului: analizați în mod obiectiv ce a dus la apariția conflictului și identificați cauzele principale. Înțelegerea motivelor și a nevoilor implicate vă va ajuta să găsiți soluții durabile.

3. Găsirea de soluții comune: implicați toate părțile implicate în găsirea soluțiilor și încercați să ajungeți la un consens care să satisfacă nevoile tuturor. Fiecare parte ar trebui să-și exprime dorințele și să fie dispusă să compromită pentru a ajunge la o soluție acceptabilă.

4. Medierea și negocierea: dacă conflictul pare insolubil, puteți apela la un mediator sau un expert în negociere pentru a găsi o soluție echitabilă pentru toate părțile implicate.

5. Învățare din conflict: priviți conflictul ca pe o oportunitate de creștere și învățare. Analizați ce ați putea face diferit în viitor pentru a evita conflictele sau pentru a gestiona mai eficient situațiile tensionate.

Un exemplu de abordare constructivă a conflictelor ar putea fi o situație în care doi colegi de muncă au opinii diferite cu privire la modul în care ar trebui gestionat un proiect.

În loc să intre într-un conflict deschis, cei doi colegi ar putea alege să discute deschis și sincer despre motivele diferențelor lor și să caute soluții care să satisfacă pe amândoi. Prin ascultarea atentă a punctelor de vedere și identificarea intereselor comune, cei doi colegi ar putea ajunge la un compromis care să ducă la finalizarea cu succes a proiectului. Astfel, abordarea conflictelor într-un mod constructiv poate aduce beneficii pentru toate părțile implicate și poate îmbunătăți relațiile și colaborarea pe termen lung.

Ascultarea și empatia sunt două abilități cheie în gestionarea conflictelor în relații, deoarece ambele contribuie la întărirea conexiunii între oameni și la rezolvarea diferendelor într-un mod pașnic și constructiv.

Atunci când întâmpinăm un conflict în relație, este esențial să acordăm atenție celuilalt, să fim deschiși la ascultare și să ne implicăm activ în înțelegerea perspectivei sale. Ascultarea activă presupune să fim prezenți în conversație, să ne concentrăm asupra cuvintelor și emoțiilor celuilalt și să demonstrăm că îi înțelegem punctul de vedere. Acest lucru creează un mediu sigur și în care deschiderea și sinceritatea pot fi promovate, ceea ce facilitează comunicarea și soluționarea conflictului.

Pe de altă parte, empatia este capacitatea de a ne pune în locul celuilalt, de a simți și înțelege emoțiile și trăirile sale. Această abilitate ne ajută să creăm legături puternice și să dezvoltăm o înțelegere mai profundă a celor din jurul nostru. Atunci când ne manifestăm empatie față de partenerul nostru în timpul unui conflict, îi arătăm că suntem înțelegători și interesați de bunăstarea sa, ceea ce poate calma tensiunile și facilita găsirea unei soluții de comun acord.

Ascultarea și empatia sunt două elemente esențiale în gestionarea conflictelor în relații. Cu ajutorul acestor abilități, putem construi relații mai sănătoase, mai apropiate și mai respectuoase, în care comunicarea este eficientă și în care dificultățile pot fi depășite în mod constructiv.

Ascultarea și empatia joacă un rol crucial în gestionarea conflictelor în relații, indiferent dacă discutăm despre relații romantice, relații de prietenie sau relații de muncă. Aceste abilități sunt esențiale pentru a putea rezolva conflictele în mod eficient și pentru a menține o comunicare sănătoasă între părți.

Ascultarea activă este o abilitate fundamentală în gestionarea conflictelor și constă în a acorda atenție cu adevărat cuiva când vorbește. În timpul unei discuții conflictuale, este important să nu ne concentram doar la ceea ce vrem să spunem noi, ci să fim deschiși să ascultăm și să înțelegem punctele de vedere ale celuilalt. Prin ascultarea activă, putem să identificăm mai bine sursele conflictelor și să găsim soluții care să fie satisfăcătoare pentru ambele părți implicate.

Empatia este, de asemenea, esențială în gestionarea conflictelor, deoarece ne permite să ne punem în locul celuilalt și să încercăm să înțelegem cum se simte și ce nevoi are. Empatia ne ajută să dezvoltăm o legătură mai profundă cu celălalt și să gestionăm conflictul cu mai multă înțelegere și compasiune. Atunci când manifestăm empatie, arătăm că suntem dispuși să ascultăm și să fim deschiși la dialog, ceea ce poate detensiona situația și poate crea un mediu mai propice pentru rezolvarea conflictului.

Ascultarea și empatia sunt două abilități esențiale în gestionarea conflictelor în relații. Prin practicarea acestor abilități, putem să construim relații mai sănătoase, să rezolvăm conflictele în mod eficient și să creăm un mediu de comunicare deschis și empatic. Astfel, putem să ne îmbunătățim relațiile și să construim legături mai puternice cu cei din jurul nostru.

Ascultarea și empatia sunt două abilități esențiale în gestionarea conflictelor în relații, deoarece ajută la înțelegerea și rezolvarea problemelor într-un mod eficient și empatic. Prin practicarea acestor abilități, putem stabili o comunicare mai bună cu cealaltă persoană, construind relații mai sănătoase și mai armonioase.

Iată 8 exemple amplu descrise care ilustrează importanța ascultării și empatiei în gestionarea conflictelor în relații:

1. Prietenii Laura și Maria se confruntă cu o dispută în legătură cu planurile de weekend. Laura vrea să meargă la un concert, în timp ce Maria preferă să petreacă timp cu familia. Prin ascultarea atentă a dorințelor și nevoilor celuilalt, ele pot găsi o soluție de compromis care să le mulțumească pe amândouă.

2. Un cuplu, Alex și Elena, se ceartă din cauza problemelor de comunicare. Prin practicarea empatiei și ascultarea activă, fiecare partener poate înțelege mai bine punctul de vedere al celuilalt și să găsească modalități de a îmbunătăți modul în care se exprimă și se ascultă reciproc.

3. Într-o echipă de lucru, membrii au opinii diferite cu privire la abordarea unui proiect. Prin ascultarea cu atenție a ideilor și preocupărilor fiecărui membru și încurajarea empatiei între colegi, se pot găsi soluții creative și eficiente pentru a depăși conflictul și a colabora în mod constructiv.

4. Părinții unui adolescent se confruntă cu o divergență de opinii în ceea ce privește regulile și limitările impuse copilului lor. Prin ascultarea empatică a nevoilor și dorințelor fiecărui părinte și așezarea în pantofii copilului lor, pot găsi un echilibru între autoritate și înțelegere pentru a gestiona mai eficient situația.

5. Într-o relație de prietenie, doi prieteni se simt jigniți și răniți de comentariile nepotrivite făcute de celălalt. Prin exprimarea emoțiilor, ascultarea empatică și găsirea unor soluții constructive, ei pot repara relația și pot construi o comunicare mai deschisă și sinceră.

6. Un coleg de muncă se simte neglijat de superiorul său și se confruntă cu frustrări legate de lipsa de recunoaștere a eforturilor sale. Prin ascultarea atentă a preocupărilor sale, oferirea de sprijin și încurajarea empatiei în echipă, se poate îmbunătăți relația de lucru și rezolva eventualele conflicte.

7. Un grup de prieteni se confruntă cu tensiuni și animozități din cauza unor interpretări greșite sau neînțelegeri. Prin ascultarea cu atenție a argumentelor fiecărui membru și practicarea empatiei față de perspectivele diferite, pot găsi modalități de a depăși conflictul și de a consolida legăturile dintre ei.

8. Un cuplu se confruntă cu probleme legate de încredere și comunicare în relația lor. Prin exprimarea sinceră a temerilor și frustrărilor, ascultarea empatică a nevoilor și dorințelor partenerului și angajamentul într-o comunicare deschisă și onestă, ei pot construi o relație mai solidă și mai sănătoasă.

Ascultarea și empatia sunt instrumente esențiale în gestionarea conflictelor în relații, deoarece facilitează comunicarea eficientă, înțelegerea reciprocă și construirea unei relații bazate pe respect, încredere și colaborare. Prin practicarea acestor abilități, putem depăși obstacolele și construi relații mai armonioase și mai satisfăcătoare atât în plan personal, cât și profesional.

Vă propun 10 exercitii practice pentru gestionarea conflictelor în relație.

1. Comunicarea deschisă și sinceră - să fii transparent în exprimarea nevoilor, sentimentelor și opiniilor tale, fără a evita să discuți despre subiecte delicate.
De exemplu, în loc să te enervezi că partenerul nu te ajută cu treburile casnice, poți aborda subiectul într-un mod calm și constructiv, exprimându-ți nevoile și propunând soluții.

2. Ascultarea activă - să fii atent la ceea ce spune partenerul, să îl întrebi despre sentimentele și motivele lui și să încerci să îl înțelegi înainte de a reacționa.
De exemplu, în loc să îl acuzi că nu îți acordă suficientă atenție, poți întreba despre motivele lui pentru comportamentul respectiv și cum te simți tu în acea situație.

3. Empatia - să încerci să îți pui în locul partenerului și să îți imaginezi cum se simte el în situația respectivă.
De exemplu, în loc să îl critici pentru că întârzie mereu, poți să încerci să înțelegi de ce se petrece acest lucru și să îi oferi suport în rezolvarea problemei.

4. Controlul emoțiilor - să îți gestionezi reacțiile emoționale într-un mod constructiv, evitând comportamente precum critica, acuzele sau reproșurile.

De exemplu, în loc să răspunzi cu agresivitate la o critică din partea partenerului, poți să îți exprimi calm și clar punctul de vedere.

5. Găsirea unui compromis - să încerci să găsești soluții care să satisfacă nevoile și interesele ambilor parteneri, evitând competiția sau impunerea propriei viziuni. De exemplu, în loc să insiști să vă petreceți timpul liber doar cu prietenii tăi, poți să ajungi la un compromis în care să împărțiți timpul între ambele grupuri de prieteni.

6. Respectul reciproc - să îți arăți respect față de opiniile, nevoile și spațiul personal al partenerului, evitând jignirile sau atitudinile lipsite de considerație. De exemplu, în loc să îl critici pentru gusturile lui muzicale sau de modă, poți încerca să înțelegi de ce acestea sunt importante pentru el și să îi acorzi respectul cuvenit.

7. Negocierea - să abordezi conflictele într-un mod deschis și constructiv, căutând soluții care să ajute la rezolvarea problemelor și la consolidarea relației.

De exemplu, în loc să eviți să discuți despre bugetul comun, poți să propui o discuție despre prioritățile financiare și să găsiți împreună soluții pentru administrarea acestuia.

8. Rezolvarea conflictelor cu calm și răbdare - să îți păstrezi calmul și să încerci să găsești soluții la problemele care apar în relație, fără a recurge la comportamente agresive sau evazive.
De exemplu, în loc să răbufnești într-o discuție tensionată, poți să îți acorzi un moment de pauză pentru a te calma și pentru a reveni cu o abordare mai constructivă.

9. Recunoașterea greșelilor și îmbunătățirea relațiilor - să îți asumi responsabilitatea pentru propriile acțiuni și să îți ceri scuze atunci când apar conflicte sau neînțelegeri.De exemplu, în loc să insiști că ai dreptate într-o dispută, poți să îți recunoști greșeala și să îți ceri iertare pentru impactul pe care l-ai avut asupra partenerului.

10. Terapie de cuplu - să apelezi la ajutor profesionist atunci când nu reușiți să gestionați conflictul în relație sau când simțiți că nu puteți depăși anumite probleme pe cont propriu.

"Nu putem evita conflictele,
dar putem învăța să le gestionăm
într-un mod constructiv și învățător
pentru amândoi."
- Epictet.

Capitolul 7: Crearea unui nou început într-o relație nouă.

- Cum să creezi o atmosferă pozitivă și plină de speranță pentru reconstruirea relației.

- Stabilirea unor obiective și planuri comune pentru viitorul relației.

Atunci când ne implicăm într-o relație nouă, este important să abordăm această oportunitate ca pe un nou început, un tablou gol pe care îl putem picta împreună cu partenerul nostru. Este crucial să lăsăm în urmă bagajul emoțional și mental al relațiilor anterioare și să ne deschidem inima și mintea spre noi experiențe și conexiuni.Trebuie să ne amintim că orice relație necesită muncă, comunicare și compromisuri reciproc asumate.

De asemenea, trebuie să avem încredere în noi înșine, în partenerul nostru și în potențialul relației noastre de a crește și a se dezvolta într-o direcție pozitivă. Să nu uităm să ne asumam responsabilitatea pentru propriile noastre acțiuni și să fim sinceri și onești în toate interacțiunile noastre.

Să ne trăim fiecare zi ca și cum ar fi ultima și să ne dăruim în mod autentic și necondiționat în cadrul acestei relații noi și speciale.

O nouă relație este ca un început înfloritor, plin de promisiuni și posibilități nelimitate. Când doi oameni se întâlnesc pentru prima dată și își deschid inimile unul către celălalt, se naște ceva magic. Este ca un tablou alb pe care începem să pictăm împreună, adăugând culori și forme noi în fiecare zi.

Primul pas este întotdeauna cel mai important. Este momentul în care ne privim în ochi și simțim că ceva special se întâmplă. Emoțiile sunt puternice și inima bate cu putere în piept. Ne simțim vulnerabili și puternici în același timp, pentru că știm că începem o călătorie care ne va schimba pentru totdeauna.

Într-o relație nouă, comunicarea este cheia. Este important să fim sinceri și deschiși unul față de celălalt, să vorbim despre temeri și dorințe, să ne ascultăm cu atenție și să ne sprijinim reciproc în fiecare pas. Construirea unei relații sănătoase necesită efort și timp, dar beneficiile sunt imense.

În fiecare zi, descoperim lucruri noi unul despre celălalt. Ne povestim amintiri, visuri și gânduri, ne susținem în momentele dificile și sărbătorim împreună succesele. Încetul cu încetul, ne conectăm pe mai multe niveluri și creăm o legătură puternică care ne va ghida în drumul nostru împreună.

Așa începe un nou început într-o relație: cu adevăr, încredere și iubire.

Cu pasiune și angajament, cu râsete și lacrimi, cu sinceritate și respect reciproc. Cu fiecare zi care trece, creăm amintiri frumoase și ne împletim destinele într-un mod care ne face să simțim că suntem acasă unul în brațele celuilalt. Este începutul unei povești de dragoste care va dura pentru totdeauna.

Un nou început într-o relație poate fi creat atunci când ambii parteneri recunosc nevoia de schimbare și își propun să investească mai mult timp și energie în relația lor. Acest lucru poate fi realizat prin comunicare deschisă și sinceră, exprimându-și nevoile și dorințele în mod clar.

De exemplu, un cuplu care simte că comunică prea puțin între ei ar putea decide să își aloce un timp dedicat zilnic pentru a discuta despre cum se simt, ce îi preocupă și cum ar putea îmbunătăți relația lor. Această schimbare în rutină ar putea aduce o mai mare intimitate și înțelegere între cei doi parteneri.

De asemenea, un alt mod de a crea un nou început într-o relație ar fi să planificați activități noi și interesante împreună. De exemplu, puteți participa la un curs de gătit, faceți o excursie în natură sau experimentați cu hobby-uri noi. Aceste experiențe comune vor întări legătura dintre voi și vă vor oferi amintiri frumoase de împărtășit.

Crearea unui nou început într-o relație implică recunoașterea nevoii de schimbare, comunicarea deschisă, planificarea activităților comune și angajamentul de a lucra împreună pentru a construi o relație mai puternică și mai fericită.

Crearea unui nou început într-o relație poate fi un moment minunat și plin de emoție. Iată câteva exemple de cum poți să faci asta:

1. Comunicarea sinceră și deschisă: Poate că ai avut unele probleme sau neînțelegeri în trecut, dar este important să fii sincer și deschis în legătură cu sentimentele tale și să comunici cu partenerul tău. Poți să începi prin a-i spune cât de mult îți pasă de el/ea și de relația voastră și să îți exprimi dorința de a face tot posibilul pentru a face lucrurile să funcționeze.

2. Planificarea unei excursii sau a unei ieșiri romantice: Poți să îți surprinzi partenerul cu o escapadă romantică sau cu o cină specială pentru a marca un nou început în relația voastră. O astfel de activitate poate întări legătura dintre voi și vă poate ajuta să creați amintiri frumoase împreună.

3. Încercarea unor activități noi împreună: Pentru a aduce un strop de prospețime în relația voastră, puteți încerca să explorați împreună activități noi, cum ar fi cursuri de dans, gătit împreună sau practicarea unui sport în echipă. Aceste experiențe comune vă pot ajuta să vă apropiați și să vă descoperiți unul pe celălalt într-un mod nou.

4. Recunoștința și aprecierea reciprocă: Nu uita să îți exprimi recunoștința și aprecierea pentru partenerul tău. Spune-i cât de mult valorează pentru tine și cum te face să te simți special atunci când este lângă tine. Gesturile mici de apreciere pot face minuni într-o relație și pot consolida legătura dintre voi.

Pentru a crea un nou început într-o relație, este important să investești timp și energie în construirea unei fundații solide și în îngrijirea acesteia. Fiind deschiși, sinceri și iubitori, puteți crea împreună un viitor frumos și plin de fericire.

Reconstruirea unei relații poate fi o provocare majoră, dar crearea unei atmosfere pozitive este un prim pas crucial în direcția potrivită. Pentru a realiza acest lucru, este important să fii deschis, sincer și să demonstrezi o atitudine pozitivă față de procesul de reconstrucție a relației.

Primul lucru pe care îl poți face este să comunici deschis și sincer cu partenerul tău. Fii dispus să împărtășești sentimentele și gândurile tale în mod sincer și să asculți cu atenție ce are de spus și partenerul tău. Comunicarea bună este cheia în reconstruirea unei relații și ajută la consolidarea încrederii reciproce.

De asemenea, fii empatic și încearcă să vezi lucrurile din perspectiva partenerului tău. Încurajează-i să își exprime sentimentele și să îți împărtășească temerile și preocupările lor. Arată că îți pasă de ceea ce simt și că ești dispus să faci schimbări în comportamentul tău pentru a îmbunătăți relația voastră.

În plus, demonstrează recunoștință și apreciere față de partenerul tău. Nu lua lucrurile pentru granted și arată că ești recunoscător pentru eforturile lor și că îi prețuiești prezența în viața ta. Gesturile mici de apreciere pot face o diferență mare în crearea unei atmosfere pozitive în relație.

Fii deschis și pozitiv în privința viitorului relației voastre. Încurajează schimbarea și creșterea pozitivă și fii încrezător că puteți depăși provocările împreună. Construirea unei atmosfere pozitive necesită răbdare, comunicare și compromis, dar cu eforturi comune și o atitudine pozitivă, puteți reconstrui și consolida legătura dintre voi.

Când relația ta a suferit și pare a fi într-un impas, poate părea dificil să găsești speranța pentru reconstruire. Totuși, este important să adopți o abordare pozitivă și să creezi o atmosferă plină de speranță pentru a-ți reda încrederea reciprocă și a reporni relația.

Un prim pas în direcția reconstruirii relației este să comunici sincer și deschis cu partenerul tău. Fii dispus să îți exprimi gândurile și sentimentele fără judecată și ascultă cu atenție perspectiva sa. Încercați să identificați problemele care au dus la distanțare și să găsiți soluții împreună.

Încurajează-vă reciproc să renunțați la trecutul negativ și să priviți cu optimism către viitor. Încercați să vă concentrați pe aspectele pozitive ale relației și să recunoașteți progresele mici pe care le faceți în reconstruirea ei.

Nu uitați să aveți grijă de relația voastră și să petreceți timp împreună, construind amintiri frumoase și consolidând legătura voastră. Planificați ieșiri romantice, faceți activități plăcute împreună și încercați să vă redescoperiți unul pe celălalt.

Nu uitați că reconstruirea unei relații poate dura timp și efort, dar cu răbdare, încredere și comunicare sinceră, puteți crea o atmosferă plină de speranță pentru un viitor fericit al relației voastre.

Pentru a asigura o dezvoltare armonioasă și pe termen lung a relației noastre, este important să stabilim obiective și planuri comune pentru viitor. Acestea pot include aspecte precum consolidarea încrederii și comunicării între noi, stabilirea unor priorități comune în planificarea activităților noastre zilnice, dar și în atingerea unor obiective personale sau profesionale.

De asemenea, putem să ne gândim la proiecte sau călătorii pe care ne dorim să le facem împreună, la modul în care ne dorim să ne dezvoltăm individual și ca cuplu, sau la modalități în care putem să ne sprijinim reciproc în momentele dificile.

Este important să avem în vedere că obiectivele noastre comune trebuie să fie realiste, cuantificabile și să includă un plan de acțiune clar. Astfel, vom putea să lucrăm împreună pentru a le atinge și să ne menținem motivația și implicarea în relația noastră pe termen lung.

Prin stabilirea și urmărirea unor obiective comune și planificarea unui viitor împreună, putem transforma relația noastră într-o experiență plină de satisfacții și în care ambele părți se dezvoltă și se împlinesc pe toate planurile.

Odată ce am decis să continuăm relația noastră, cred că este important să stabilim niște obiective comune pentru viitorul nostru împreună. Aceste obiective ar trebui să ne ofere o direcție clară și să ne motiveze să lucrăm împreună pentru a construi o relație sănătoasă și fericită.

Unul dintre obiectivele noastre ar putea fi să ne susținem reciproc în dezvoltarea personală și profesională. Putem să ne încurajăm unul pe celălalt să ne urmăm pasiunile și să ne atingem obiectivele, oferindu-ne susținere emoțională și practică în acest demers.

Un alt obiectiv ar putea fi să lucrăm împreună pentru a construi o comunicare mai bună între noi. Este important să împărtășim deschis gândurile, sentimentele și nevoile noastre, astfel încât să putem soluționa rapid orice conflicte sau probleme care pot apărea în relația noastră.

De asemenea, putem să ne propunem să petrecem mai mult timp împreună și să avem mai multe experiențe frumoase împreună. Putem să ne planificăm vacanțe sau escapade scurte în care să ne bucurăm unul de prezența celuilalt și să creăm amintiri de neuitat.

Un obiectiv important ar putea fi să ne respectăm și să ne iubim reciproc cu adevărat. Să avem încredere unul în celălalt, să fim loiali și empatici și să ne sprijinim în tot ceea ce facem.

Prin stabilirea acestor obiective comune pentru viitorul nostru, cred că putem construi o relație puternică și sănătoasă, care să ne aducă fericire și împlinire pe termen lung.

Atunci când doi oameni aleg să își unească destinele și să își construiască o relație de lungă durată, este important să stabilească și să își clarifice planuri comune pentru viitor. Aceste planuri pot include aspecte precum locul în care vor locui, cariera profesională pe care o doresc să o aibă, familia pe care își doresc să o întemeieze sau activitățile pe care le vor desfășura împreună.

Stabilirea unor planuri comune pentru viitorul relației poate contribui la consolidarea conexiunii dintre parteneri, la creșterea încrederii și înțelegerii reciproce și la crearea unei baze solide pentru o relație sănătoasă și împlinitoare. Este important să fie avute în vedere dorințele și nevoile ambilor parteneri și să se găsească un echilibru între ele, pentru a se evita eventuale conflicte sau tensiuni.

De asemenea, este important să se aibă în vedere că planurile comune pot varia în funcție de etapa relației în care se află cei doi parteneri.

În primele faze ale unei relații, planurile comune pot fi mai abstracte și mai puțin concrete, fiind mai mult legate de valorile și ideile comune ale celor doi. Pe măsură ce relația avansează, planurile pot deveni mai specifice și mai practice, ca de exemplu stabilirea unei date pentru căsătorie sau planificarea achiziționării unei locuințe comune.

Stabilirea unor planuri comune pentru viitorul relației este un proces continuu, care trebuie să evolueze odată cu schimbările și transformările care au loc în viața și în relația celor doi parteneri. Comunicarea deschisă și sinceră, înțelegerea reciprocă și adaptabilitatea sunt cheia către construirea și menținerea unei relații sănătoase și de succes pe termen lung.

O modalitate eficienta de a stabilii planuri comune pentru viitorul relației este de a discuta deschis cu partenerul/partenera despre așteptările, dorințele și obiectivele fiecăruia în legătură cu relația.

De exemplu, puteți stabili împreună obiectivele pe termen scurt, mediu și lung, precum achiziționarea unei case, călătorii în diferite destinații, avansarea în carieră sau creșterea familiei. Acest lucru va ajuta la stabilirea unei direcții clare pentru relație și va consolida angajamentul reciproc.

De asemenea, puteți să vă planificați activități sau proiecte comune, cum ar fi agrearea unui curs sau o activitate sportivă, organizarea unor călătorii, sau implicarea într-un proiect social sau caritabil. Aceste experiențe comune vă vor ajuta să vă consolidați legătura și să vă dezvoltați împreună.

Este important să fiți deschiși și flexibili cu privire la schimbările sau ajustările necesare în planurile comune, deoarece relația poate evolua și se poate schimba pe măsură ce trece timpul. Comunicarea sinceră și încrederea reciprocă sunt cheia pentru a face ca planurile comune să fie realizabile și să contribuie la consolidarea relației pe termen lung.

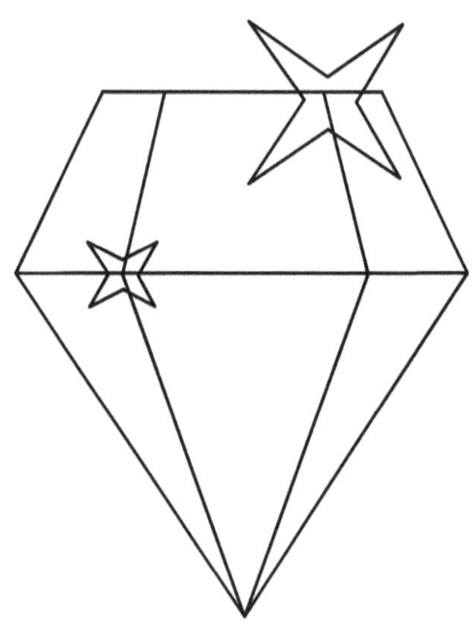

Vă propun 10 exercitii practice pentru crearea unui nou început într-o relație nouă.

1. Comunicare deschisă și sinceră: Începeți prin a comunica deschis și sincer cu partenerul tău. Fii dispus să împărtășești gândurile, sentimentele și dorințele tale, și asigură-te că și partenerul tău face același lucru.
De exemplu, poți să îți spui partenerului tău că îți dorești să petreceți mai mult timp împreună sau să dezvoltați o comunicare mai bună în relație.

2. Stabilește obiective comune: Pentru a crea un nou început în relația ta, stabilește obiective comune cu partenerul tău. Poate vă doriți să călătoriți împreună, să vă implicați în activități sportive sau să vă dezvoltați carierele în paralel.

3. Fii deschis la schimbare: Fii dispus să te schimbi pentru a îmbunătăți relația ta. Poate ai observat anumite aspecte ale comportamentului tău care afectează negativ relația și ești dispus să lucrezi la ele. De exemplu, poți încerca să devii mai răbdător sau mai atent cu partenerul tău.

4. Petreceți timp de calitate împreună: Investiți timp și energie în relația voastră și petreceți timp de

calitate împreună. Faceți activități care vă plac amândurora și care vă aduc bucurie și să vă apropiați unul de celălalt.

5. Lucrați la aspectul intim al relației voastre: Acordați o atenție deosebită aspectului intim al relației voastre și încercați să vă conectați la nivel fizic și emoțional. Fiți deschiși și receptivi unul față de celălalt și încercați să vă îndepliniți nevoile și dorințele sexuale.

6. Îmbunătățiți comunicarea non-verbală: Nu uitați de comunicarea non-verbală în relația voastră. Gesturile, expresiile faciale și contactul vizual pot transmite mesaje puternice și pot întări legătura voastră. Încercați să fiți atenți la limbajul non-verbal al partenerului vostru și să vă exprimați sentimentele prin gesturi și contact fizic.

7. Fii empatic și înțelegător: În timp ce îți exprimi nevoile și dorințele tale, fii empatic și înțelegător față de nevoile și dorințele partenerului tău. Încearcă să vezi situația din perspectiva lui și să fii deschis la compromisuri și soluții care să satisfacă ambii.

8. Rezolvați conflictele în mod sănătos: Conflictul este inevitabil în orice relație, dar ceea ce contează este modul în care îl gestionați.

Învățați să vă exprimați punctele de vedere în mod respectuos și să găsiți soluții constructive pentru problemele care apar. Evitați atacurile personale și folosiți dialogul deschis și sincer pentru a rezolva conflictele.

9. Sprijiniți-vă reciproc în atingerea obiectivelor: Încurajați-vă unul pe celălalt și sprijiniți-vă reciproc în atingerea obiectivelor personale și profesionale. Fiți prezenți unul pentru celălalt în momentele de dificultate și oferiți suport și încurajare când este nevoie.

10. Fiți recunoscători pentru relația voastră: Nu uita să apreciezi și să îți exprimi recunoștința față de partenerul tău și pentru relația voastră.
Fii recunoscător pentru momentele frumoase pe care le petreceți împreună și pentru toate lucrurile bune pe care le aduce în viața ta.

"Tot ce trebuie să știm despre viață este că trebuie să începem mereu. Începuturile sunt miracole, iar fiecare zi este un nou început." - Eckhart Tolle

Capitolul 8: Consolidarea legăturii emoționale în relație.

- Cum să investești timp și energie în întărirea legăturii emoționale cu celălalt.

- Îmbunătățirea comunicării și relaționării pentru a construi legătura emoțională.

Legătura emoțională într-o relație este fundamentul unei legături sănătoase și durabile. Este important să înțelegem că legătura emoțională nu este ceva ce se întâmplă în mod natural sau care se menține de la sine, ci este rezultatul eforturilor constante și a comunicării deschise și sincere între parteneri.

Pentru a consolida și întări legătura emoțională într-o relație, este important să petreceți timp împreună și să faceți activități care să vă apropie și să vă ajute să vă cunoașteți mai bine unul pe celălalt. Comunicarea deschisă și onestă este, de asemenea, crucială în consolidarea legăturii emoționale, deoarece vă ajută să vă exprimați sentimentele, gândurile și nevoile în mod clar și să înțelegeți mai bine ce simte și gândește partenerul.

În plus, ar trebui să fiți atenți unul la nevoile și dorințele celuilalt și să vă oferiți suport și înțelegere reciprocă. Este important să fiți acolo unul pentru celălalt în momentele dificile și să vă sprijiniți reciproc în atingerea obiectivelor și viselor personale.

De asemenea, exprimarea recunoștinței și aprecierea reciprocă sunt aspecte importante în consolidarea legăturii emoționale. A fi recunoscător pentru lucrurile bune pe care le face partenerul și a-i arăta aprecierea pentru eforturile și gesturile sale mici poate consolida legătura emoțională și îmbunătăți relația în ansamblu.

Consolidarea legăturii emoționale într-o relație este un proces continuu care necesită eforturi constante din partea ambilor parteneri. Prin comunicare deschisă și sinceră, atenție și sprijin reciproc, exprimarea recunoștinței și aprecierii, puteți întări legătura emoțională și să vă bucurați de o relație sănătoasă și fericită.

O relație solidă și armonioasă este construită pe o conexiune emoțională puternică între parteneri. Consolidarea legăturii emoționale într-o relație presupune o serie de acțiuni și eforturi reciproce, care să mențină și să întărească conexiunea dintre cei doi.

Un prim pas important în consolidarea legăturii emoționale este comunicarea deschisă și sinceră. Este esențial să împărtășiți gândurile, sentimentele și emoțiile voastre cu partenerul, pentru a vă înțelege mai bine unul pe celălalt. Ascultarea activă și empatia sunt de asemenea aspecte importante ale comunicării, care vă pot ajuta să vă conectați mai profund.

Este crucial să vă acordați timp unul altuia și să vă susțineți reciproc în diverse situații. Petrecerea timpului împreună, planificarea activităților plăcute sau încurajarea și sprijinirea partenerului în momentele dificile sunt modalități eficiente de a construi și întări legătura emoțională.

De asemenea, exprimarea recunoștinței și aprecierii față de partener pentru tot ceea ce face pentru voi este un alt aspect important al consolidării legăturii emoționale. Sentimentul de a fi valorizat și iubit de către celălalt poate întări încrederea și conexiunea între voi.

Nu în ultimul rând, este important să vă mențineți deschisă inima și să fiți vulnerabili unul în fața celuilalt. Acest lucru poate crea un climat de încredere și intimitate în relație, care să vă ajute să vă simțiți mai apropiați emoțional.

Prin urmare, consolidarea legăturii emoționale într-o relație necesită efort, dedicare și comunicare constantă între parteneri. Investiția în relația voastră și îngrijirea acesteia cu atenție și iubire vă poate ajuta să construiți o legătură puternică și trainică, care să vă aducă fericire și împlinire pe termen lung.

Consolidarea legăturii emoționale în relație este un aspect deosebit de important pentru menținerea unei relații sănătoase și durabile.

Acest lucru implică cultivarea și întreținerea unei conexiuni puternice și profunde între parteneri, care să le ofere confort, susținere și înțelegere reciprocă.

Există mai multe modalități în care se poate consolida legătura emoțională într-o relație. Una dintre ele este comunicarea deschisă și sinceră. Partenerii ar trebui să fie capabili să discute despre sentimentele lor, să își exprime nevoile și dorințele, dar și să asculte cu atenție ce are celălalt de spus. Prin comunicare constantă și autentică, se pot rezolva mai ușor eventualele conflicte și se poate întări conexiunea emoțională dintre cei doi.

Un alt aspect crucial în consolidarea legăturii emoționale este acordarea atenției și timpului necesar partenerului. A fi prezent mental și emoțional în relație înseamnă să oferi suport și încurajare în momentele dificile, să celebrezi împreună succesele și să petreceți timp calitativ împreună. Fie că este vorba despre o plimbare în parc, o cină romantică sau un weekend la munte, momentele petrecute împreună sunt esențiale pentru crearea unor amintiri frumoase și consolidarea conexiunii emoționale.

De asemenea, gesturile mici și atențiile zilnice pot consolida legătura emoțională într-o relație.

Un mesaj de dragoste pe telefon, o îmbrățișare caldă sau un gest de bunătate pot face minuni în întărirea conexiunii emoționale dintre parteneri. Este important ca aceste gesturi să fie făcute din inimă și să reflecte recunoașterea și aprecierea reciprocă în relație.

Exemplele de mai sus demonstrează că consolidarea legăturii emoționale într-o relație necesită efort și implicare din partea ambilor parteneri. Prin comunicare deschisă, acordarea atenției și timpului necesar, precum și gesturile mici de iubire și apreciere, cei doi pot întări conexiunea emoțională dintre ei și consolida relația pe termen lung.

Investirea timpului și energiei în întărirea legăturii emoționale cu celălalt este un aspect crucial al relațiilor interpersonale de succes. Acest lucru implică angajamentul și efortul constant de a construi și menține o conexiune profundă și semnificativă cu persoana vizată.

Pentru a investi în această legătură emoțională, este important să fii prezent și atent atunci când comunici cu celălalt. Ascultarea activă și empatia sunt elemente cheie în construirea unei relații puternice și sănătoase. Arată-i celuilalt că îți pasă de sentimentele și nevoile sale, susține-l în momente dificile și încurajează-l să-ți împărtășească gândurile și emoțiile.

În plus, este important să îți exprimi recunoștința și aprecierea față de celălalt. Nu lua lucurile pentru granted și fă un efort conștient de a-i arăta cât de mult înseamnă pentru tine. Gesturile mici și atenția la detalii pot face o diferență semnificativă în întărirea legăturii emoționale.

Petrecerea timpului împreună și participarea la activități plăcute și distractive poate întări conexiunea emoțională dintre voi. Descoperiți hobby-uri comune, găsiți momente de relaxare și bucurie împreună și creați amintiri frumoase care să vă apropie și mai mult.

Nu uitați că construirea unei legături emoționale puternice necesită răbdare, comunicare deschisă și încredere reciprocă. Fiți deschiși la vulnerabilitate și acceptați-vă reciproc cu bune și rele. În final, investiția în întărirea legăturii emoționale cu celălalt este un proces continuu și enigmatic, care merită efortul și dedicarea pentru a vă bucura de o relație autentică și plină de iubire.

Legătura emoțională cu celălalt este esențială pentru o relație sănătoasă și fericită. Pentru a investi timp și energie în întărirea acestei legături, este important să acorzi atenție și să îți dedici resursele necesare.

Un mod eficient de a întări legătura emoțională cu celălalt este să petreci timp împreună și să te implici în activități plăcute sau relaxante. Poți merge la plimbare, sărbători un eveniment special, să gătești împreună sau să vă bucurați de o seară în doi.

Comunicarea deschisă și sinceră este, de asemenea, esențială pentru întărirea legăturii emoționale. Fii atent la nevoile și dorințele partenerului tău și împărtășește-ți gândurile și sentimentele cu el fără reticențe. Ascultă cu atenție ce are de spus și arată-ți sprijinul și susținerea.

Gesturile mici de atenție și apreciere pot face minuni pentru consolidarea legăturii emoționale. Fă-i o surpriză plăcută, spune-i cât de mult îl apreciezi sau arată-i cât de mult îți pasă de el prin gesturi simple, precum un sărut sau o îmbrățișare.

Nu uita să îți acorzi și timp pentru tine în procesul de întărire a legăturii emoționale. Îngrijește-te de propria fericire și echilibru emoțional, pentru a putea fi prezent și conectat emoțional cu celălalt.
Este important să fii răbdător și să acorzi timp necesar pentru a construi și întări legătura emoțională cu celălalt. Nu uita că o legătură solidă și armonioasă se construiește în timp, cu răbdare și dedicare.

Există mai multe modalități prin care poți investi timp și energie în întărirea legăturii emoționale cu celălalt. Iată câteva idei:

*Petreceți timp împreună de calitate.
Organizați activități pe care le placeți amândoi și petreceți timp de calitate împreună. Poți merge la cinema, la un restaurant sau la o plimbare în natură. Important este să faceți lucruri care vă aduc bucurie și vă permit să vă conectați emoțional.

*Comunicarea deschisă și sinceră.
Încurajați comunicarea deschisă și sinceră în relația voastră. Împărtășiți-vă sentimentele, gândurile și preocupările și ascultați cu atenție ce are de spus celălalt. Fiți deschiși și vulnerabili pentru a crea o conexiune emoțională mai puternică.

*Arată empatie și susținere.
Fii empatic și arată susținere față de partenerul tău. Înțelegeți și validați sentimentele celuilalt, fiți acolo pentru el în momentele dificile și încurajați-l să-și exprime nevoile și dorințele.
Exemplu: Dacă partenerul tău trece printr-o perioadă dificilă la locul de muncă, arată-empatie și sprijin prin ascultarea cu atenție a grijilor și oferindu-i susținere morală.

*Exprimarea recunoștinței.

Exprimați-i partenerului dumneavoastră recunoștința pentru lucrurile pe care le face pentru voi și pentru relație. Fiți recunoscători pentru momentele frumoase petrecute împreună și pentru sprijinul pe care vi-l oferă în viața de zi cu zi.

Exemplu: Poți să-i trimiți un mesaj de mulțumire pentru un gest mic făcut de el sau să-i spui în persoană cât de mult îți este de ajutor.

*Rămâneți conectați emoționali.

Mențineți o conexiune emoțională puternică prin activități care vă ajută să vă simțiți mai apropiați unul de celălalt. Puteți practica meditația împreună, să gătiți sau să călătoriți împreună și să vă creați amintiri frumoase.

Exemplu: Dacă amândoi împărtășiți o pasiune pentru călătoriile aventuroase, puteți planifica o excursie într-o destinație exotica și să vă bucurați de experiene inedite împreună.

Comunicarea și relaționarea sunt două aspecte fundamentale în viața noastră cotidiană. Ele ne ajută să ne exprimăm gândurile, sentimentele și nevoile, dar și să intrăm în contact cu ceilalți și să ne formăm relații interpersonale trainice.

Pentru a construi o legătură emoțională sănătoasă cu cei din jurul nostru, este important să îmbunătățim modalitățile noastre de comunicare și să fim atenți la felul în care interacționăm cu ceilalți. O comunicare eficientă și empatică poate să crească nivelul de înțelegere și încredere între indivizi, consolidând astfel relațiile și creând legături puternice.

Un prim pas în îmbunătățirea comunicării și relaționării este să fim deschiși și sinceri în exprimarea gândurilor și sentimentelor noastre. Trebuie să ne asigurăm că suntem înțeleși și că înțelegem și noi perspectivele celorlalți. Este important să ascultăm cu atenție și să răspundem la nevoile și emoțiile celorlalți într-un mod empatic și respectuos.

De asemenea, construirea unei legături emoționale puternice implică și dezvoltarea abilităților de empatie și înțelegere a celor din jurul nostru. Trebuie să fim deschiși la nou și să ne străduim să vedem lumea prin ochii celorlalți, pentru a putea construi relații bazate pe înțelegere și compasiune.

O comunicare eficientă și relații sănătoase sunt cheia pentru a ne conecta emoțional cu ceilalți și pentru a construi legături puternice și durabile. Este important să îmbunătățim continuu abilitățile noastre de comunicare și să ne străduim să fim empatici și înțelegători în relațiile noastre interpersonale.

O comunicare eficientă este esențială pentru construirea unei legături emoționale puternice în relații. Este important să ne exprimăm clar și sincer gândurile, sentimentele și nevoile noastre, dar și să fim deschiși să ascultăm și să înțelegem punctul de vedere al celuilalt.

Îmbunătățirea comunicării implică folosirea unui limbaj clar și respectuos, evitând critica și jignirile. De asemenea, este important să fim conștienți de limbajul nonverbal, cum ar fi expresiile faciale, tonul vocii sau postura corpului, care pot transmite mesaje puternice și sincere.

Relațiile se întemeiază și pe conștientizarea și gestionarea emoțiilor proprii, precum și pe empatie și înțelegere față de emoțiile și trăirile celuilalt. Este important să fim deschiși și vulnerabili în fața partenerului sau partenerei noastre, pentru a construi o legătură emoțională profundă și autentică.

Relațiile sănătoase se bazează pe comunicare constantă, deschisă și sinceră, în care fiecare partener se simte ascultat, înțeles și susținut. Prin cultivarea acestor abilități de comunicare și relaționare, putem consolida legătura emoțională și construi relații sănătoase și fericite.

În orice tip de relație, fie ea de cuplu, familială sau de prietenie, comunicarea este un element cheie pentru a construi și menține o legătură emoțională puternică. Este important să ne asigurăm că ne exprimăm cu sinceritate și să ascultăm cu atenție pe cei din jurul nostru, pentru a înțelege nevoile și emoțiile lor.

Un aspect crucial al comunicării este exprimarea sentimentelor și gândurilor noastre într-un mod empatic și respectuos. Este esențial să fim deschiși și să avem curajul de a ne deschide inimile celorlalți pentru a ne conecta la un nivel mai profund și mai autentic. Acest lucru ne poate ajuta să fim mai vulnerabili și mai autentici în relațiile noastre, creând astfel un climat de încredere și intimitate.

În plus, ascultarea activă este și ea o abilitate esențială în construirea unei legături emoționale puternice. Prin acordarea atenției deplină celorlalți și fără judecăți, le arătăm că le respectăm și că le acordăm importanța cuvenită. Această practică poate îmbunătăți semnificativ calitatea relațiilor noastre și poate contribui la apropierea emoțională dintre noi și cei dragi.

Pentru a construi și menține o legătură emoțională puternică în relații, este vital să ne concentrăm pe îmbunătățirea comunicării și relaționării. Prin exprimarea sinceră a sentimentelor noastre, ascultarea activă și respectuoasă a celorlalți și susținerea reciprocă, putem consolida legăturile noastre emoționale și să ne bucurăm de relații împlinite și armonioase.

Comunicarea este unul dintre pilonii de bază ai unei relații sănătoase și durabile. O comunicare eficientă nu înseamnă doar transmiterea informațiilor, ci și crearea și întreținerea unei legături emoționale puternice între parteneri.

Pentru a îmbunătăți comunicarea în relație, este important să acordăm atenție unor aspecte precum ascultarea activă, empatia și exprimarea deschisă a sentimentelor și nevoilor noastre. Ascultarea activă implică acordarea atenției deplină partenerului atunci când vorbește, fără să-l întrerupem sau să îl judecăm. Este important să ne arătăm interesul pentru ceea ce spune și să încercăm să înțelegem în profunzime ceea ce simte.

Empatia este, de asemenea, un element esențial în comunicare. Ea ne ajută să ne punem în locul partenerului și să înțelegem mai bine perspectivele și emoțiile sale.

Prin exprimarea deschisă a sentimentelor și nevoilor noastre, putem construi o bază solidă pentru comunicare și relație. Este important să fim sinceri în exprimarea emoțiilor noastre și să avem încredere că partenerul ne va asculta și înțelege.De asemenea, pentru a construi o legătură emoțională puternică, este important să acordăm atenție comunicării nonverbale. Gesturile, expresiile faciale și tonul vocii pot transmite multe informații despre starea noastră emoțională și intențiile noastre. Prin acordarea atenției acestor aspecte, putem întări legătura emoțională cu partenerul nostru și îmbunătăți comunicarea în relație.

Comunicarea eficientă și construirea unei legături emoționale puternice sunt fundamentale în orice relație sănătoasă și fericită. Prin acordarea atenției unor aspecte precum ascultarea activă, empatia și exprimarea deschisă a sentimentelor noastre, putem consolida legătura cu partenerul nostru și construi o relație mai apropiată și mai profundă.

Relațiile sunt fundamentale pentru viața noastră și pentru starea noastră de bine. O legătură emoțională sănătoasă poate aduce bucurie, sprijin și confort în viața noastră. Îmbunătățirea relaționării este un proces continuu și necesită efort și dedicare din partea ambelor părți implicate.

Pentru a construi o legătură emoțională puternică în relații, este important să acordăm atenție comunicării și să fim deschiși și sinceri unul cu celălalt. Este esențial să ascultăm cu atenție și să încercăm să înțelegem perspectivele și sentimentele celuilalt. Comunicarea non-verbală, cum ar fi contactul vizual și gesturile de afecțiune, poate consolida legătura emoțională dintre parteneri.

De asemenea, în relații este important să fim prezenți unul pentru celălalt în momentele dificile, să ne sprijinim reciproc și să fim empatici. Empatia ne ajută să ne conectăm emoțional cu celălalt și să ne punem în locul său, ceea ce poate consolida legătura noastră.

Pentru a îmbunătăți relaționarea și a construi o legătură emoțională profundă, este important să ne străduim să fim onesti și să ne exprimăm nevoile, temerile și așteptările noastre în cadrul relației. Comunicarea deschisă și sinceră poate evita interpretările greșite și conflictele care pot apărea în relații.

Aîmbunătăți relaționarea și a construi o legătură emoțională puternică necesită timp, dedicare și atenție. Este important să ne îngrijim de relația noastră și să ne străduim să ne conectăm emoțional cu partenerul nostru în mod constant. Cu efort și răbdare, putem construi o relație sănătoasă și fericită, bazată pe o legătură emoțională puternică.

Vă propun 10 exercitii practice pentru consolidarea legăturii emoționale în relație.

1. Petreceti timp de calitate impreuna - mergand la plimbare, facand sport, gatind impreuna sau petrecand o seara romantica acasa.

2. Practicati comunicarea non-verbala - saruturi, imbratisari, atingeri blande sunt moduri eficiente de a va arata afectiunea unul fata de celalalt.

3. Faceti exercitii de incredere - cum ar fi cazand in spatele partenerului si lasandu-l sa va prinda sau sa va indreptati stravezierele inchisi la ochi.

4. Faceti exercitii de empatie - incercati sa va puneti in locul partenerului pentru a intelege mai bine nevoile, dorintele si emotiile sale.

5. Faceti un jurnal al recunostintei impreuna - fiecare zi notati cateva lucruri pentru care sunteti recunoscatori unul fata de celalalt.

6. Participati la terapie de cuplu - daca aveti dificultati in relationarea emotiva, este util sa consultati un terapeut care va poate oferi sfaturi si tehnici pentru a va intari legatura.

7. Faceti exercitii de relaxare impreuna - cum ar fi meditatia, yoga sau masajul, pentru a va conecta la nivel emotional si fizic.

8. Petreceti timp cu prietenii si familia impreuna - implicati-va in activitati sociale care va permit sa va bucurati de prezenta celor dragi in viata voastra.

9. Planificati excursii sau vacante romantice - schimbati decorul obisnuit si explorati impreuna locuri noi pentru a va reimprospata relatie.

10. Organizati seri romantice regulate - puteti face un film impreuna acasa, puteti gati o cina speciala sau puteti merge la un dans sau la o dinerie romantica.

"O relație prosperă
nu se bazează doar pe
dragoste, ci și pe
încredere, respect și
comunicare sinceră."

Capitolul 9: Relația de cuplu.

- Strategii pentru reconstruirea unei relații de cuplu deteriorate.

- Cum să faci relatia mai puternică și mai sănătoasă.

Relația de cuplu este o legătură emoțională și romantică între două persoane care își împărtășesc sentimente, gânduri, emoții și trăiri. Această legătură poate fi definită de dragoste, încredere, comunicare și compromisuri.

În cadrul unei relații de cuplu, partenerii își acordă sprijin reciproc, se respectă și se susțin în momentele dificile. Este important ca cei doi să aibă încredere unul în celălalt și să își exprime deschis dorințele, nevoile și sentimentele pentru a menține o comunicare sănătoasă.

Relația de cuplu poate fi îmbunătățită prin implicarea și investirea ambilor parteneri în efortul de a menține armonia și echilibrul relației. Este esențial să se acorde atenție nevoilor celuilalt, să se stabilească obiective comune și să se găsească modalități de a gestiona conflictele și problemele care pot apărea.

Deci relația de cuplu poate fi o sursă de fericire, împlinire și susținere reciprocă, atât în momentele bune, cât și în cele mai puțin plăcute.

Cu o comunicare deschisă, încredere și respect reciproc, cuplurile pot construi o relație solidă și durabilă, bazată pe iubire și respect.Relația de cuplu este o legătură emoțională profundă și intimă între două persoane care își doresc să împărtășească viețile lor împreună. Ea presupune o conexiune puternică între parteneri, bazată pe încredere, respect reciproc, comunicare deschisă și susținere reciprocă.

Într-o relație de cuplu sănătoasă, cei doi parteneri își oferă sprijin și încurajare unul altuia în momente dificile, își celebrează realizările și se ajută reciproc să își atingă obiectivele. Ei își respectă spațiul personal și individualitatea, însă sunt deschiși la colaborare și la luarea deciziilor împreună.

Comunicarea este un aspect extrem de important într-o relație de cuplu de succes. Partenerii trebuie să fie sinceri unul cu celălalt, să își exprime nevoile, dorințele și gândurile, pentru a evita frustrările și resentimentele care pot apărea din lipsa unei comunicări eficiente.

De asemenea, într-o relație de cuplu sănătoasă, este esențială încrederea reciprocă. Cei doi parteneri trebuie să își acorde încredere și să își respecte promisiunile pentru a consolida legătura lor și pentru a crea un mediu de siguranță și stabilitate în cuplu.

Relația de cuplu este o călătorie plină de provocări și de momente frumoase, care necesită efort și angajament din partea ambilor parteneri pentru a se dezvolta și a dura în timp. Este important ca cei doi să își prețuiască și să își susțină unul altul, să își ofere iubire și respect reciproc, pentru a menține flacăra dragostei aprinsă în relația lor.

- Comunicarea deschisă și sinceră: Unul dintre cei mai importanți pași în reconstruirea unei relații deteriorate este comunicarea deschisă și sinceră. Fiecare partener ar trebui să își exprime sentimentele și nevoile în mod clar și fără judecată.

De exemplu, în loc să presupui că partenerul tău știe ce simți, spune-i deschis cum te simți și ce-ți dorești de la relație.

- Înțelegerea și empatie reciprocă: Pentru a reconstrui o relație deteriorată, este important să îți pui în locul partenerului și să încerci să înțelegi perspectivele și sentimentele acestuia. Încurajează partenerul să îți vorbească despre ceea ce simte și arată empatie față de experiențele sale.

De exemplu, atunci când partenerul tău îți spune că se simte neglijat sau nesigur în relație, arată-i că îl asculți, îl înțelegi și îți pasă de sentimentele lui.

- Lucrul în echipă și compromisul: Reconstruirea unei relații deteriorate implică lucrul în echipă și abilitatea de a face compromisuri. Fiecare partener ar trebui să fie dispus să renunțe la unele nevoi și dorințe personale în favoarea relației.

De exemplu, dacă partenerul tău preferă să își petreacă timpul liber jucându-se pe calculator, dar tu îți dorești mai multă atenție din partea lui, puteți face un compromis și găsi o modalitate de a îmbina ambele nevoi.

- Recunoașterea și îmbunătățirea problemelor: Pentru a reconstrui o relație deteriorată, este important să recunoști problemele și să încerci să le îmbunătățești. Învățați să comunicați mai eficient, să depășiți conflictele și să gestionați certurile într-un mod matur și constructiv.

De exemplu, dacă aveți tendința de a vă certa în mod constant din cauza geloziei, recunoașteți problema și încercați să găsiți modalități de a vă încredere reciproc.

Pentru reconstruirea unei relații de cuplu deteriorate este important să se acționeze cu răbdare, înțelegere și comunicare deschisă.Reconstruirea unei relații de cuplu deteriorate presupune efort, compromis și dedicare din partea ambilor parteneri, dar este posibilă cu determinare și comunicare deschisă.

O relație puternică și sănătoasă necesită multă atenție și efort din partea ambilor parteneri.

Iată câteva strategii pentru a consolida și întări relația voastră:

*Comunicare deschisă și onestă: Comunicarea este cheia oricărei relații sănătoase. Fii sincer și deschis cu partenerul tău și asigură-te că sunteți capabili să vă exprimați nevoile și sentimentele în mod clar.

*Încredere și respect reciproc: Încrederea și respectul sunt fundamentale în orice relație. Fii un partener de încredere și respectuos și arată-i partenerului tău că îl apreciezi și îl respecți.

*Timp petrecut împreună: Petrecerea timpului de calitate împreună este crucial pentru menținerea unei relații puternice. Faceți activități împreună, mergi la plimbare, ieșiți la cină sau planificați-vă vacanțe sau escapade romantice.

* Găsește un echilibru în relația ta: Este important să găsești un echilibru între a-ți acorda timp pentru tine și pentru partenerul tău. Respectați-vă nevoile personale, dar nu uitați să acordați atenție și partenerului tău.

* Soluționarea conflictelor cu înțelepciune: Conflictele sunt inevitabile în orice relație, dar este important să le abordați cu înțelepciune și maturitate. Ascultă-ți partenerul, încercați să înțelegeți punctul său de vedere și căutați împreună soluții constructive.

* Sprijin reciproc: Fii un sprijin pentru partenerul tău în momentele dificile și încurajează-l să-ți fie alături la rândul său. Încurajați-vă unul pe altul să vă atingeți obiectivele și să vă susțineți visurile.

* Menținerea intimității: Intimitatea fizică și emoțională sunt importante într-o relație sănătoasă. Găsiți moduri de a vă arăta afecțiunea și de a vă menține apropierea și conexiunea emoțională.

O relație puternică și sănătoasă necesită implicare, comunicare și efort constant din partea ambilor parteneri. Fii deschis, sincer și empatic cu partenerul tău și încearcă să îți îmbunătățești relația în fiecare zi.

Prin investirea timpului și a efortului în relația ta și aplicând aceste sugestii, veți putea construi o legătură mai puternică și mai sănătoasă cu partenerul/partenera ta.

Vă propun 10 exercitii practice pentru reconstruirea unei relații de cuplu deteriorate.

1. Comunicare deschisă și sinceră: Stabiliți un mediu de comunicare în care amândoi puteți exprima cu ușurință gândurile, sentimentele și nevoile voastre. Ascultați-vă reciproc fără a judeca sau a întrerupe.
Exemplu: În loc să rețineți sentimentele de neliniște sau frustrare, abordați aceste probleme direct cu partenerul dumneavoastră și încercați să găsiți soluții împreună.

2. Îmbunătățirea încrederii reciproce: Acordați atenție comportamentelor și acțiunilor care pot afecta nivelul de încredere în relația voastră și comunicați transparent pentru a restabili încrederea.
Exemplu: Dacă un partener și-a încălcat promisiunile în trecut, ar putea fi important să-și asume responsabilitatea pentru aceste acțiuni și să-și demonstreze loialitatea și angajamentul în viitor.

3. Rezolvarea conflictelor în mod constructiv: Învățați să vă exprimați punctele de vedere și să găsiți soluții acceptabile pentru ambii parteneri, evitând atitudinile defensive și acuzele reciproce.

Exemplu: În timpul unei discuții aprinse, evitați să vă lansați acuze nedovedite sau să folosiți cuvinte jignitoare, ci concentrați-vă asupra identificării problemelor și găsirii soluțiilor.

4. Investirea timpului și efortului în relație: Faceți eforturi conștiente pentru a vă întâlni nevoile partenerului și pentru a consolida conexiunea emoțională prin gesturi de afecțiune, timp petrecut împreună și sprijin reciproc.
Exemplu: Organizați întâlniri romantice, petreceți timp de calitate împreună și implicați-vă în activități care să vă aducă bucurie și să consolideze legătura voastră.

5. Învățați să vă scuzați și să iertați: Înțelegeți că fiecare persoană poate greși și că este important să vă recunoașteți greșelile, să cereți iertare și să oferiți iertare atunci când este necesar.
Exemplu: Dacă un partener recunoaște că a greșit și își exprimă regretul, celălalt partener poate fi dispus să treacă peste acea problemă și să încerce să reconstruiască încrederea.

6. Consiliere de cuplu: Dacă simțiți că nu puteți rezolva singuri problemele din relație, este util să

căutați ajutor de la un terapeut sau consilier de cuplu pentru a identifica problemele existente și pentru a găsi strategii eficiente de reconstrucție a relației.

Exemplu: Un terapeut de cuplu poate ajuta la identificarea tiparelor de comunicare nesănătoase, la lucrul asupra problemelor de încredere sau la gestionarea conflictelor într-un mod mai constructiv.

7. Inițiative individuale pentru îmbunătățirea relației: Identificați ce lucruri puteți face fiecare în mod individual pentru a contribui la reconstruirea relației și la întărirea conexiunii voastre.

Exemplu: Un partener poate alege să lucreze la gestionarea stresului sau a anxietății pentru a fi mai prezent și implicat în relație, în timp ce celălalt partener poate decide să fie mai deschis și empatic în comunicare.

8. Respect reciproc și apreciere: Recunoașteți și valorizați calitățile, eforturile și contribuțiile pe care le aduceți în relație, evidențiind recunoașterea și respectul reciproc.

Exemplu: Exprimați aprecierea pentru momentele plăcute petrecute împreună, pentru sprijinul oferit în momentele dificile sau pentru eforturile depuse în menținerea și reconstrucția relației.

9. Reînnoirea angajamentului și a ispășirii: Faceți eforturi constante pentru a vă menține angajamentul față de relație și pentru a vă demonstra reciproc dragostea și loialitatea prin cuvinte și acțiuni.

Exemplu: Organizați o ceremonie de reînnoire a angajamentului sau faceți promisiuni și planuri pentru viitor care să reflecte angajamentul dumneavoastră de a lucra la reconstruirea și consolidarea relației.

10. Răbdare și înțelegere reciprocă: Înțelegeți că reconstrucția unei relații deteriorate necesită timp, efort și determinare și că este important să aveți răbdare și să demonstrați înțelegere față de eforturile depuse de fiecare partener.

Exemplu: Fiecare partener poate avea momente dificile sau poate greși în procesul de reconstrucție a relației, iar răbdarea și susținerea reciprocă pot fi cheia pentru depășirea acestor obstacole și consolidarea conexiunii voastre.

"În reconstruirea unei relații este esențială capacitatea de a ierta, de a înțelege și de a renunța la orgoliu. Doar prin acceptarea greșelilor trecutului și prin construirea unui viitor bazat pe încredere și comunicare sinceră se poate reface legătura ce a fost pe cale de a se pierde."

Capitolul 10: Reîntâlnirea cu sine în relație.

- Cum să îți găsești pacea interioară și să îți redescoperi identitatea pe parcursul procesului de reconstruire a relației.

- Importanța autocompasiunii și a autocunoașterii în dezvoltarea unei relații sănătoase.

Reîntâlnirea cu sine în relație este un proces esențial în dezvoltarea personală și în construirea unei relații sănătoase și echilibrate. Este important să ne cunoaștem și să ne acceptăm pe noi înșine înainte de a putea să ne conectăm cu cineva într-un mod autentic și sincer.

Atunci când ne reîntâlnim cu sine în relație, ne acordăm timpul și spațiul necesar pentru a reflecta asupra propriilor nevoi, dorințe, valori și limite. Ne asumăm responsabilitatea pentru propria fericire și bunăstare, în loc să ne bazăm pe cineva altcineva să ne ofere aceste lucruri.Această reîntâlnire cu sine ne ajută să ne comunicăm mai eficient în relație, să ne exprimăm mai autentic și să ne afirmăm mai clar. Ne încurajează să fim vulnerabili și să ne deschidem în fața partenerului nostru, creând astfel o legătură mai profundă și mai intimă.

De asemenea, această reîntâlnire cu sine în relație ne ajută să ne stabilim limite sănătoase și să ne respectăm cu tărie valorile personale.

Ne dă puterea să ne afirmăm și să ne apărăm interesele noastre într-un mod respectuos și echilibrat.

Reîntâlnirea cu sine în relație ne oferă o bază solidă pe care să construim o relație sănătoasă, armonioasă și plină de iubire și respect reciproc. Este un proces continuu și necesită efort și dedicare, dar aduce cu sine multe beneficii și satisfacție pe termen lung.

Reîntâlnirea cu sine în relație este un proces complex și profund care implică auto-cunoaștere, auto-reflexie și auto-acceptare. Într-o relație, este ușor să ne pierdem identitatea și să ne concentrăm doar pe nevoile și dorințele partenerului. Cu toate acestea, este important să ne reamintim că suntem indivizi unici și că propria noastră fericire și bunăstare este la fel de importantă.

Pentru a reîntâlni cu adevărat cu sine într-o relație, trebuie să ne acordăm timp și spațiu pentru a ne conecta cu propriile noastre emoții, gânduri și dorințe. Acest lucru poate include practicarea auto-reflectării prin meditație, jurnalism sau chiar terapie individuală. Este important să fim sinceri cu noi înșine și să ne confruntăm cu orice emoții negative sau probleme nerezolvate pe care le avem, pentru a putea să le depășim și să ne vindecăm.

De asemenea, este esențial să ne stabilescem limite sănătoase în relație și să ne asigurăm că ne respectăm propriile noastre nevoi și valori. Comunicarea deschisă și sinceră cu partenerul este, de asemenea, crucială pentru a ne asigura că suntem auziți și că nevoile noastre sunt îndeplinite în relație.

Reîntâlnirea cu sine într-o relație poate aduce beneficii imense nu doar pentru noi, ci și pentru partenerul nostru și pentru relația în sine. Atunci când suntem conectați cu propriul nostru adevăr și fericire, putem să aducem o energie pozitivă și autenticitate în relație care va consolida legătura noastră și ne va aduce mai aproape unul de celălalt. Este un proces continuu și în evoluție, dar este unul cu un potențial imens pentru creșterea personală și împlinire în relație.

Reîntâlnirea cu sine în relație este un proces complex și profund personal, care implică descoperirea și conștientizarea propriilor nevoi, valori și dorințe în contextul unei relații. Acest proces poate fi influențat de mai mulți factori, precum experiențele trecute, credințele și obiceiurile personale, dar și de interacțiunile din cadrul relației.

Un prim pas în reîntâlnirea cu sine în relație este autocunoașterea. Acesta presupune să te oprești și să îți examinezi atent gândurile, emoțiile și comportamentele în contextul relației tale.

Îți poți pune întrebări precum: "Cum mă simt în această relație?", "Care sunt nevoile și dorințele mele în această relație?", "Cum îmi afectează relația cu mine însumi pe de o parte și cu partenerul meu pe de alta?".

Un alt aspect important în reîntâlnirea cu sine în relație este comunicarea eficientă. Este esențial să îți exprimi deschis și sincer nevoile și emoțiile tale partenerului, și să fii dispus să asculți și să înțelegi punctul său de vedere. O relație sănătoasă se bazează pe comunicare deschisă și asertivă, care să ofere un spațiu sigur pentru exprimarea reciprocă.
În plus, este important să îți stabilești limitele și să îți asumi responsabilitatea pentru propria fericire și împlinire în relație. A fi autentic și autentic cu sine însuși înseamnă să fii conștient de propriile nevoi și să ai curajul să te afirmi în relație, chiar și atunci când acest lucru poate fi dificil sau conflictual.

Reîntâlnirea cu sine în relație este un proces continuu și dinamic, care necesită angajament, răbdare și deschidere către propria creștere și evoluție personală. Este un drum personal și unic pentru fiecare individ, care poate duce la o mai mare înțelegere și împlinire atât în relație, cât și în viața personală.

Procesul de reconstruire a unei relații poate fi extrem de dificil și solicitant, aducând adesea cu sine sentimente puternice de pierdere, confuzie și incertitudine. În timp ce încerci să îți refaci conexiunea cu partenerul tău și să îți reparezi relația, este important să acorzi, de asemenea, atenție vindecării tale interioare și regăsirii identității tale.

Primul pas spre găsirea păcii interioare în timpul reconstruirii unei relații este să îți accepți și să îți exprimi emoțiile în mod deschis și onest. Poate fi extrem de tentant să-ți îngrămădești sentimentele sau să încerci să le negi, însă acest lucru va doar amplifica tensiunile și conflictele din relație. Privește interior și explorează-ți emoțiile și gândurile cu compasiune și înțelegere.S-ar putea să ai nevoie de ajutorul unui terapeut sau consilier în acest proces pentru a te ghida și a te sprijini în regăsirea păcii interioare. Terapeutul te poate ajuta să identifici și să explorezi sursele conflictelor și tensiunilor din relație, să îți dezvolți abilitățile de comunicare și de gestionare a conflictelor și să îți ofere un cadru sigur și suportiv pentru a-ți exprima emoțiile și temerile.

În paralel cu eforturile tale de reconstruire a relației, este important să-ți redescoperi identitatea și să-ți acorzi timp și spațiu pentru a te conecta cu propriile nevoi, dorințe și valori.

Explorează-ți pasiunile, interesele și hobby-urile care te fac fericit și te îmbogățesc ca individ. Fă loc pentru a fi autentic și a te exprima liber în cadrul relației tale, fără să te compromiți sau să îți împingi sentimentele sub preș.

Este esențial să îți accepți imperfecțiunile și să îți acorzi timpul și spațiul necesar pentru a-ți vindeca rănile și a-ți regăsi pacea interioară. Fiecare proces de reconstrucție a relației vine cu provocări și obstacole, dar este important să îți amintești că ești demn de iubire și respect, atât din partea ta, cât și din partea partenerului tău. Găsirea echilibrului și a păcii interioare în timpul reconstrucției unei relații poate fi un drum lung și anevoios, dar va aduce beneficii imense atât pentru tine ca individ, cât și pentru relația ta.Pe parcursul procesului de reconstruire a relației, este important să îți redescoperi identitatea și să îți păstrezi autonomia și independența. Uneori, într-o relație care a avut de suferit, există tendința de a ne pierde pe noi înșine și de a ne concentra exclusiv pe partener sau pe problemele pe care le avem împreună.

Pentru a-ți redescoperi identitatea în timpul reconstruirii relației, este esențial să îți acorzi timp pentru tine și să îți explorezi pasiunile, interesele și valorile personale. Poate fi util să îți recapătăți independența și să acorzi atenție nevoilor tale individuale.

De asemenea, comunicarea deschisă și sinceră cu partenerul este crucială în acest proces. Exprimă-ți temerile, dorințele și nevoile în mod clar și ascultă și înțelege punctele de vedere ale celuilalt. Este important să îți menții o conexiune emoțională puternică cu partenerul tău, dar fără a renunța la propria ta identitate și la nevoile tale personale.

În plus, poți să îți stabilești obiective personale și să îți asumi responsabilități individuale pentru a te simți mai puternic și mai încrezător în propria ta persoană. Auto-dezvoltarea și auto-cunoașterea sunt aspecte importante în procesul de reconstruire a relației și te pot ajuta să îți redescoperi identitatea și să te simți mai încrezător în sine.

Este esențial să îți acorzi timp și răbdare în acest proces și să îți amintești că tu ești o persoană valoroasă și importantă în relația ta. Redescoperirea și menținerea identității tale sunt cheia pentru a avea o relație sănătoasă și fericită.

Procesul de reconstruire a unei relații poate fi unul dificil și provocator, însă este, în același timp, o oportunitate de a te redescoperi pe tine însuți și de a-ți consolida identitatea. În timp ce lucrezi la reconstruirea relației tale, poți să îți reamintești cine ești cu adevărat și să îți definești valorile, interesele și prioritățile personale.

Pentru a-ți redescoperi identitatea în timp ce reconstruiești relația, trebuie să acorzi timp și atenție propriei tale persoane. Fă-ți timp pentru activități care îți aduc bucurie și împlinire, cum ar fi hobby-urile sau pasiunile tale. Gândește-te la ceea ce te definește ca individ și la ceea ce îți face cu adevărat fericit.

De asemenea, este important să stabilești limite clare și să te asiguri că îți acorzi timpul și spațiul necesar pentru a te proteja și a-ți păstra propria identitate. Comunicarea deschisă și onestă cu partenerul tău este crucială în acest proces, iar exprimarea nevoilor și dorințelor tale te va ajuta să îți afirmi identitatea și să rămâi fidel propriilor tale valori.

Este util să te uiți în trecut și să analizezi relația ta cu tine însuți înainte de a începe reconstruirea relației. Înțelegerea a ceea ce te-a definit în trecut și a ceea ce dorești să definească în viitor îți va ajuta să te redescoperi și să-ți redefinești identitatea în contextul unei relații reconstruite.

Pe parcursul procesului de reconstruire a unei relații, este important să ai încredere în tine și să îți amintești că tu ești responsabil pentru propria ta fericire și satisfacție. Redescoperirea identității tale și consolidarea sinelui tău te va ajuta să fii mai puternic și mai sigur pe tine însuți în relația ta, și îți va oferi o bază solidă pentru o conexiune autentică și profundă cu partenerul tău.

Reconstruirea unei relații poate fi o provocare majoră, iar procesul poate aduce schimbări semnificative în identitatea personală a fiecărui partener. Pentru a-ți redescoperi identitatea în timp ce lucrezi la reconstruirea relației, este important să fii deschis la schimbare și să accepți că vei avea nevoie să te adaptezi la noi circumstanțe și provocări.

-Explorează-ți pasiunile și interesele personale: În timpul procesului de reconstrucție a relației, este important să-ți acorzi timp pentru a-ți reaminti cine ești cu adevărat. Astfel, poți începe să explorezi pasiunile și interesele care te definesc ca individ. Poate că ai uitat de mult timp de unele activități sau hobby-uri care te făceau fericit - acum este momentul să le redescoperi.

- Comunică deschis și onest cu partenerul tău: Pentru a repara o relație deteriorată, este esențial să comunici deschis cu partenerul tău. Vorbiți despre sentimentele și nevoile voastre, clarificați așteptările și discutați despre viitorul vostru împreună. Prin această comunicare transparentă, veți putea să vă redescoperiți unul pe celălalt și să consolidați legătura voastră.

- Fă compromisuri și acceptă schimbarea: Reconstruirea unei relații presupune de multe ori compromisuri și ajustări în comportament și atitudine. Este important să fii deschis la schimbare și să recunoști nevoia de a accepta diferite perspective și opinii. Prin acceptarea schimbării și adaptarea la noile circumstanțe, îți vei putea redescoperi și redefini identitatea în cadrul relației tale.

- Întemeiază-ți relația pe încredere și respect reciproc: Pentru a-ți redescoperi identitatea în timpul procesului de reconstruire a relației, este vital să vă bazați relația pe încredere și respect reciproc. Acest lucru implică să te deschizi și să fii autentic în fața partenerului tău, să-ți asumi responsabilitatea pentru acțiunile tale și să îți exprimi nevoile și sentimentele în mod clar și respectuos.

Prin explorarea pasiunilor și intereselor personale, comunicarea deschisă și onestă, capacitatea de a face compromisuri și accepta schimbarea și construirea unei relații bazate pe încredere și respect reciproc, vei putea să-ți redescoperi identitatea pe parcursul procesului de reconstruire a relației. Acest lucru va contribui la consolidarea legăturii voastre și la dezvoltarea unei relații mai puternice și mai sănătoase în viitor.

Reconstruirea unei relații poate fi un proces dificil și plin de emoții puternice. Este important să îți găsești pacea interioară pe parcursul acestui proces, deoarece numai astfel vei putea avea o comunicare sănătoasă cu partenerul tău și vei putea construi o relație puternică și armonioasă în viitor.

*În primul rând, este vital să îți accepți emoțiile și să le exprimi în modul potrivit. Este normal să te simți frustrat, supărat sau confuz într-un moment de criză în cuplu. Nu reprima aceste sentimente, ci încearcă să le explorezi și să le înțelegi. Poți încerca să vorbești cu un terapeut sau să ții un jurnal în care să îți exprimi gândurile și simțirile.

*În al doilea rând, este important să îți acorzi timp pentru tine și să îți refaci forțele. Poate fi tentant să încerci să rezolvi toate problemele din relație cât mai repede posibil, dar este important să nu îți neglijezi propriile nevoi și să te concentrezi și asupra ta. Fă lucruri care te fac fericit și îți aduc liniște interioară, cum ar fi meditația, yoga sau sportul.

*În al treilea rând, este crucial să păstrezi o atitudine deschisă și empatică față de partenerul tău. În loc să te concentrezi pe greșelile sau pe rănile din trecut, încearcă să te concentrezi pe prezent și să găsești modalități constructive de a comunica și de a lucra împreună pentru a rezolva problemele. Ascultă cu atenție opiniile și sentimentele partenerului tău și încearcă să înțelegi punctul său de vedere.

Este important să îți accepți propria umanitate și să îți acorzi iertarea. Fie că este vorba despre greșelile tale sau ale partenerului tău, este esențial să înveți să treci peste trecut și să te concentrezi asupra viitorului. Nu uita că relațiile sunt un proces continuu de creștere și învățare și că este normal să faci erori pe parcursul acestui drum.

Pentru a îți găsi pacea interioară pe parcursul procesului de reconstruire a unei relații, este important să îți accepți emoțiile, să îți acorzi timp pentru tine, să păstrezi o atitudine deschisă față de partenerul tău și să îți acorzi iertarea. Numai astfel vei putea construi o relație sănătoasă și armonioasă în viitor.Găsirea păcii interioare în timp ce reconstruiești o relație poate fi un proces dificil, deoarece este posibil să te confrunți cu sentimente de vinovăție, furie sau frică.

Cu toate acestea, există câteva strategii pe care le poți folosi pentru a-ți păstra echilibrul emoțional în timp ce lucrezi la îmbunătățirea relației.

- Comunicarea deschisă și sinceră: Este important să îți exprimi cu sinceritate nevoile, temerile și grijele în cadrul relației. Acest lucru va ajuta să reduci tensiunile și să rezolvi problemele care au dus la deteriorarea relației în primul rând.

De exemplu, dacă te simți neglijat sau nedreptățit în relație, îți poți exprima aceste sentimente partenerului tău deschis și să încerci să găsești soluții împreună.

- Practicarea iertării: Iertarea este crucială în procesul de reconstrucție a relației și de găsire a păcii interioare. Este important să îți eliberezi resentimentele și să accepți că nimeni nu este perfect. În loc să ții ranchiună, încearcă să îți deschizi inima și să îți oferi șansa de a ierta și de a merge mai departe.

De exemplu, dacă partenerul tău a greșit sau a făcut ceva care te-a rănit, încearcă să îți pui în locul său și să încerci să îți eliberezi inima de durere prin practicarea iertării.

- Găsirea unui echilibru între timpul petrecut împreună și timpul petrecut separat: Este important să găsești un echilibru între a petrece timpul împreună și timpul petrecut separat pentru a vă reconecta cu voi înșivă și a vă regăsi identitatea individuală.

De exemplu, poți planifica activități împreună care să îți aducă bucurie și să te ajute să te reconectezi cu partenerul tău, dar să nu uiți să îți acorzi și timp pentru a te relaxa și a te bucura de propria companie.

- Practicarea auto-îngrijirii: Îngrijirea de sine este esențială pentru a-ți menține echilibrul emoțional și pentru a te simți bine în pielea ta. Asigură-te că îți faci timp pentru lucrurile care îți aduc bucurie și pentru a-ți îngriji nevoile fizice, emoționale și spirituale.

De exemplu, poți practica meditația sau yoga, să faci plimbări în natură sau să îți faci timp pentru hobby-uri care te relaxează și îți aduc bucurie.

Găsirea păcii interioare în timp ce reconstruiești o relație necesită timp, răbdare și angajament din partea ta. Este important să îți acorzi sprijinul și iubirea de care ai nevoie pentru a repara și a înălța relația și pentru a găsi armonie în inima ta.

Autocompasiunea și autocunoașterea sunt aspecte extrem de importante în dezvoltarea unei relații sănătoase, atât cu noi înșine, cât și cu ceilalți.

-Autocompasiunea implică capacitatea de a ne întelege și a ne accepta propriile greșeli, slăbiciuni și imperfecțiuni fără a ne critica sau judeca dur. Este important să fim blânzi și îngăduitori cu noi înșine, să ne oferim milă și încurajare atunci când ne confruntăm cu dificultăți sau eșecuri. Prin practicarea autocompasiunii, ne putem construi încredere și stima de sine, ceea ce ne va ajuta să fim mai încrezători în relațiile noastre și să ne exprimăm mai deschis emoțiile șii noastre.
+Autocunoașterea implică capacitatea de a ne cunoaște cu adevărat pe noi înșine, de a ne înțelege manualitățile, nevoile, valorile și motivațiile noastre. Prin autocunoaștere putem identifica ce anume ne face fericiți sau nefericiți, ce tipuri de relații ne sunt benefice sau dăunătoare și ce tipuri de comportamente sau reacții ne influențează pozitiv sau negativ. Fiind conștienți de sine, putem comunica mai clar și eficient cu partenerul nostru și putem îngriji mai bine relația noastră.
Practicând autocompasiunea și autocunoașterea în mod constant, putem dezvolta o relație mai echilibrată, empatic și sănătoasă.

Putem învăța să ne respectăm pe noi înșine și pe partenerul nostru, să ne susținem reciproc și să fim deschiși la schimbare și creștere personală. Acest lucru ne va ajuta să avem o relație mai profundă, mai stabilă și mai împlinitoare, în care amândoi ne simțim auziți, acceptați și iubiți așa cum suntem.

Autocompasiunea este un aspect crucial al dezvoltării unei relații sănătoase, atât cu sine, cât și cu ceilalți. Ea implică capacitatea de a înțelege și de a-ți accepta propriile imperfecțiuni și greșeli, fără să te critici sau să te judeci aspru. Autocompasiunea presupune să ne tratăm cu bunătate și înțelegere în momentele dificile, la fel cum am face-o cu un prieten apropiat.

Într-o relație de cuplu, autocompasiunea este esențială pentru a ne putea implica în mod sănătos și echilibrat. Atunci când suntem compasiuni cu noi înșine, avem mai multă capacitate de a fi empatici și de a înțelege nevoile și emoțiile partenerului nostru. Nevoia de a fi perfecți sau de a ne auto-sabota poate fi înlocuită cu o atitudine mai blândă și mai conectată la sine, ceea ce poate conduce la o mai mare seninătate și echilibru în relație.

De asemenea, autocompasiunea ne ajută să gestionăm mai bine conflictele și situațiile tensionate din cuplu. Atunci când suntem capabili să ne iertăm și să ne acceptăm propriile erori, suntem mai deschiși să recunoaștem și să reparăm greșelile făcute față de partenerul nostru. Astfel, construim o relație mai solidă și mai profundă, bazată pe încredere și respect reciproc.

Autocompasiunea este o abilitate esențială în dezvoltarea unei relații sănătoase și fericite. Prin iertarea de sine și acceptarea propriei umanități, putem construi conexiuni autentice și armonioase cu cei din jurul nostru, inclusiv cu partenerul de viață. Așadar, cultivarea autocompasiunii ar trebui să fie o prioritate în procesul de dezvoltare personală și în construirea relațiilor interumane.

Autocunoașterea este un aspect crucial în dezvoltarea unei relații sănătoase. Cunoașterea de sine înseamnă să ai o înțelegere profundă a propriei persoane, incluzând atât calități pozitive, cât și negativități. Atunci când ești conștient de cine ești cu adevărat, poți comunica mai eficient și autentic cu partenerul tău.

Să fii autocunoscut înseamnă să fii conștient de nevoile tale, de limitele tale și de valorile tale. Aceste aspecte sunt esențiale într-o relație, deoarece îți permit să îți exprimi clar dorințele și să ai așteptări realiste de la partener. De asemenea, autocunoașterea te va ajuta să gestionezi mai bine emoțiile și conflictelor, să eviți comportamente toxice și să îți menții încrederea în sine.

O relație sănătoasă se bazează pe comunicare deschisă și sinceră, pe încredere reciprocă și pe susținerea reciprocă. Atunci când amândoi partenerii sunt autocunoscuți, există o mai mare înțelegere și empatie în relație. Fiecare persoană își asumă responsabilitatea pentru propria fericire și își sprijină partenerul în dezvoltarea sa personală.

Autocunoașterea înseamnă să ai o relație sănătoasă cu tine însuți înainte de a putea avea una sănătoasă cu altcineva. Să fii conștient de propriile nevoi și de propriile emoții te va ajuta să îți înțelegi mai bine partenerul și să construiești o legătură mai profundă și mai autentică.

Vă propun 10 exercitii practice pentru reîntălnirea cu sine în relație.

1. Practică meditația zilnic timp de 10-15 minute. Meditația te ajută să-ți regăsești liniștea interioară și să-ți recenterizezi viața.
Exemplu: Ia-ți câteva minute dimineața sau seara să stai în liniște, să-ți golești mintea de gânduri și să te conectezi cu tine însuți.

2. Fă plimbări singur în natură. Acest lucru te ajută să te reconectezi cu mediul înconjurător și să-ți eliberezi mintea de griji.
Exemplu: Ia-ți o zi de concediu și mergi într-o drumeție în pădure sau la munte.

3. Scrie-ți gândurile și emoțiile într-un jurnal. Acest lucru te ajută să-ți clarifici sentimentele și să-ți exprimi liber ceea ce simți.
Exemplu: Scrie în jurnalul tău despre experiențele sau întâmplările care te-au marcat în ultimul timp.

4. Practică yoga sau alte forme de exerciții fizice care îți permit să te conectezi cu corpul tău.
Exemplu: Participă la o clasă de yoga sau antrenament de fitness care îți place și care te ajută să te simți mai aproape de tine însuți.

5. Petrece timp în tăcere. Apropie-te de tine însuți prin a petrece momente de tăcere și introspecție. Exemplu: Ia o seară liberă, fără tehnologie sau conversații, doar tu și gândurile tale.

6. Practică mindfulness în activitățile zilnice. Fii conștient de fiecare moment și trăiește în prezent. Exemplu: Concentrează-te pe fiecare pas pe care îl faci sau pe gustul fiecărui aliment pe care-l mănânci.

7. Începe să-ți dezvolți pasiunile și hobby-urile. Fă ceea ce îți place și te face fericit.
Exemplu: Începe să picturați, să cânți la instrumente muzicale sau să-ți dezvolți o altă pasiune pe care ai neglijat-o.

8. Ia-ți timp să te relaxezi și să te reîncarci. Fă lucruri care te fac să te simți bine și să-ți încarci bateriile. Exemplu: Fă o baie caldă, citește o carte bună sau ascultă muzică relaxantă.

9. Fii deschis și sincer cu tine însuți. Recunoaște-ți emoțiile și trăiește-le în mod autentic. Exemplu: Recunoaște-ți și acceptă-ți sentimentele, chiar dacă unele dintre ele sunt mai dificile sau inconfortabile.

10. Stabilește limite sănătoase în relațiile tale. Păstrează-ți autonomia și respectul pentru tine însuți și pentru ceilalți.

Exemplu: Învață să spui "nu" atunci când simți că depășești limitele personale sau când trebuie să-ți acorzi timp și spațiu pentru tine însuți.

"Reîntâlnirea cu sine în relație este precum descoperirea unei comori ascunse în adâncul sufletului nostru, o călătorie care ne aduce aminte cine suntem cu adevărat și ne ajută să ne așezăm în propria noastră piele cu încredere și liniște."

" Cunoașterea de sine este primul pas către o relație sănătoasă, deoarece numai atunci când te cunoști cu adevărat, poți înțelege nevoile și dorințele tale și poți comunica cu transparență și autenticitate în relație."

"Autocompasiunea este cheia către o relație sănătoasă, deoarece ne învață să ne iertăm și să ne acceptăm pe noi înșine, ceea ce ne permite să dăruim și să primim iubire în mod autentic."

"Pacea interioară nu reprezintă
absența problemelor, ci capacitatea
de a rămâne calmi
în mijlocul acestora."

"*Reconstruirea unei relații de cuplu deteriorate nu este despre a găsi pe cineva perfect, ci despre a vedea imperfecțiunile și alegând să rămâi alături de acea persoană în ciuda lor.*"

Dragi cititori,

În primul rând, vreau să vă mulțumesc tuturor celor care ați citit cartea mea, "Reconstruirea unei relații deteriorate". Sper că informațiile și sfaturile din carte v-au fost de ajutor și că vă vor fi de folos în îmbunătățirea relațiilor voastre.

Vă mulțumesc că ați investit timp și energie în citirea acestei cărți și că ați avut încredere în mine ca autor. Este o onoare pentru mine să pot împărtăși cu voi experiențele și învățăturile mele în acest domeniu atât de important al relațiilor interpersonale.

Sper că această carte v-a inspirat și v-a oferit noi perspective și că veți putea aplica în viața voastră ceea ce ați învățat din ea. Vă mulțumesc din suflet pentru susținere și pentru că ați făcut parte din această călătorie alături de mine.

Cu recunoștință,
Mariana C.